翻转课堂研究与实践

FLIPPED CLASS MODEL

翻转课堂100问

丛书主编：黄发国　张福涛
本册主编：张福涛
编写人员：肖春明　刘海涛　陈　杰
王美娟　邵凤君　杨丽萍
张　伟　张福涛

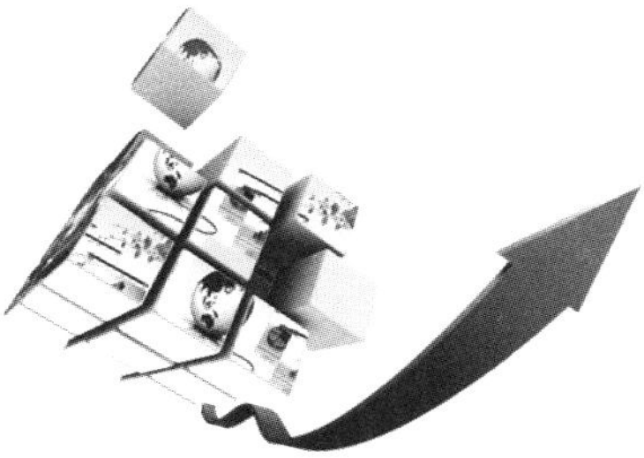

山东友谊出版社

图书在版编目（CIP）数据

翻转课堂100问 / 张福涛等编著．—济南：山东友谊出版社，2016
（翻转课堂研究与实践）
ISBN 978-7-5516-0949-4

Ⅰ．①翻…　Ⅱ．①张…　Ⅲ．①课堂教学－教学研究－高中－问题解答　Ⅳ．①G632.421-44

中国版本图书馆CIP数据核字(2016)第055023号

责任编辑：周伟光
主管单位：山东出版传媒股份有限公司
集团网址：www.sdpress.com.cn
出版发行：山东友谊出版社
地　　址：济南市英雄山路 189 号　邮政编码：250002
电　　话：出版管理部（0531）82098756
　　　　　市场营销部（0531）82098035（传真）
印　　刷：青岛国彩印刷有限公司
版　　次：2016 年 5 月第 1 版
印　　次：2016 年 5 月第 1 次印刷
规　　格：170 mm × 230 mm
印　　张：13.25
字　　数：270 千字
定　　价：38.00 元

目　录

CONTENTS

第一章　翻转篇

第二章 模式篇

第三章 平台篇

第四章 微课篇

第五章 数据篇

第一章

FLIPPED CLASS MODEL

翻转篇

一、什么是翻转课堂?

翻转课堂译自“Flipped Classroom”或“Flipped Class Model”，是指教育者赋予学生更多的自由，把知识传授的过程放在课堂外，让学生选择最适合自己的方式接受新知识；而把知识内化的过程放在课堂内，以便学生之间、学生和教师之间有更多的沟通和交流。[英特尔全球教育行业总监布莱恩·冈萨雷斯（Brian Gonzalez），2011年]

FLN（Flipped Learning Network，翻转学习网络）对翻转课堂的定义是：翻转课堂是一种教学方法，它将直接教学的行为从小组学习空间转移到了私人学习空间，而小组讨论空间变成一个动态的、互动的学习场所；在这个场所，学员们将概念应用于实践，更加积极主动地参与课堂主题，而教师的角色是指导者。

翻转课堂，相比于传统课堂，其鲜明的特点是“学生能够按照自己的节奏来学习”，意在实现学生的个性化学习，促使学生学会自主学习,促进学生个性化发展。翻转课堂,不再是教师的“一言堂”和“一家言”，不再是教师单方向地讲解知识，不再是寂静沉闷的学习氛围，相反更多的是学生的自我思考和体会、教师的“一对一”或“一对多”指导、学生之间的合作讨论、师生之间更多的互动交流。我们在翻转课堂中看到的、感受到的是学生积极主动的自我探索、学生之间思维碰撞产生的火花、问题的发现与疑难的解决、各抒己见的表达、独特的思考视角——有灵性的学生与充满活力的课堂。

山东省昌乐一中在课堂教学改革的已有基础之上，实践翻转课堂，再造学习流程，把“学生课堂听课学习知识，课后做作业内化知识”

的教学流程调整为“学生课后借助微课学习知识，课堂做作业内化知识”。其显著特点是学生利用教材、学案、教师提前制作的微课、平板电脑、网络教学平台，实现了个性化学习；教师利用网络教学平台和学习分析软件，获取学生的学习数据，及时调整教学设计，从而实施更加精准的“一对一”或“一对多”指导。

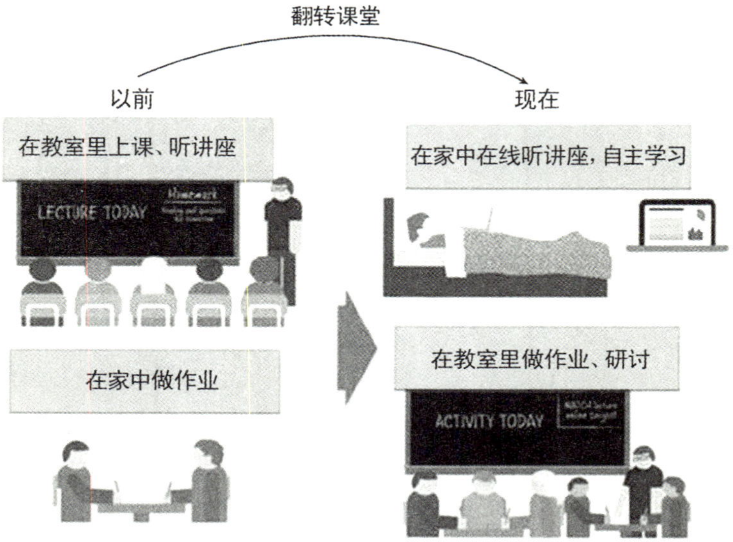

图 1　教学流程翻转示意图

二、翻转课堂是怎么发展起来的?

（一）翻转课堂的早期实践和研究

限于信息技术的发展和普及程度，早期对翻转课堂的实践和研究主要在高校进行。以下罗列了部分有影响的实践和研究，以期追溯翻转课堂的本源。

埃里克·马祖尔（哈佛大学物理学教授）是在这一领域最早开展研究工作的。他在 20 世纪 90 年代创立了同伴教学 (Peer Instruction) 法。他认为，同伴教学法能使学习更具活力。他还认为，学习分为两个步骤，首先是知识的传递，其次是知识的吸收内化。计算机辅助教学可以帮助完成知识传递这一步骤。因此，教师的角色可以从演讲者变成教练，教师要把教学重心放在知识的吸收内化阶段，指导学生之间进行互助学习，并帮助学生削除一些常见的不易被发现的误解。

莫林拉赫、格伦·普拉特和迈克尔·特雷格拉在2000年发表了论文《颠倒课堂：建立一个包容性学习环境的途径》。文章介绍了他们在美国迈阿密大学开设“经济学入门”课程时采用翻转教学（当时称为“颠倒教学”或“颠倒课堂”）模式的情况，并着重谈到了如何使用翻转教学激活差异化教学，以适应不同学习风格的学生。不过，文中并未正式引出“翻转教学”和“差异化教学”的概念。

J. 韦斯利·贝克在2000年第十一届大学教与学国际会议上提交了论文《课堂翻转：使用网络课程管理工具（让教师）成为身边的指导者》。文章中“教师成为(学生)‘身边的指导者’以替代以前的‘讲台上的圣人’”的观点，成为大学课堂翻转运动的口号，并被多次引用。贝克在文章中提出了翻转课堂的模型：教师使用网络工具和课程管理系统，以在线形式呈现教学内容作为布置给学生的家庭作业；在课堂上，教师有时间更多地深入参与到学生的主动学习和协作活动中。

美国威斯康星大学麦迪逊分校从2000年秋季开始，在计算机科学课程中使用eTeach软件进行流媒体视频（讲解与PPT演示结合的视频）演示，以取代教师的课堂讲座，要求学生在时间富余且最细心、注意力最集中的时间观看放在网上的讲座视频；同时，还要求学生和教师用课堂时间解决问题，增加教师和学生之间的互动。

2007年，杰里米·斯特雷耶在他的博士论文《翻转课堂在学习环境中的效果：传统课堂和翻转课堂使用智能辅导系统开展学习活动的比较研究》中，介绍了翻转课堂在其所在大学的实践情况：在统计和微积分课程中，他把教学内容录制成视频作为家庭作业分别发给学生观看，课堂上再组织学生参与到课程中。该课程的课堂活动利用了在线教学管理系统 Blackboard 的交互技术。他还谈到，学生们会控制视频的观看，因此他们能保持机敏地接受新信息。

（二）翻转课堂的发展

随着信息技术的成熟与普及，翻转课堂在 K12（K12 是国际上对基础教育的统称）学校落地生根，快速发展。

翻转课堂最早真正进入中小学课堂是在 2007 年，这得益于美国科罗拉多州林地公园高中的两位化学教师亚伦·萨姆斯和乔纳森·伯尔曼的成功实践。为了帮助缺课的学生在家补习功课，他们尝试用录屏软件录制 PPT 演示过程的视频，并配上讲解的声音，然后将这些视频上传到网络上供缺课的学生观看学习。后来，上述教学对象逐渐转变为所有学生。学生在家观看视频学习，课堂上完成作业、实验或者讨论，教师有了更多的时间来帮助学习上有困难的学生，或者组织学生进行讨论，共同解决问题。他们的大胆实践取得了成功：他们的翻转课堂不仅受到学生喜爱，也得到了众多同行的认同。而在此之前他们并不知道有一些大学教师曾经也做过类似的实践和研究，当然更没预料到他们取得的成就比其他人都高。因为这是在冰封的 K12 课堂的创新！在众多新技术进入 K12 课堂又铩羽退出后，并非技术推动，而是基于应用设计的翻转课堂落下了打破传统教学坚冰的第一锤。因为突出的表现，他们应邀在全国各地介绍这种新颖的教学模式，翻转课堂也由此在美国逐步推广开来。两位教师也因其突出的贡献分别获得了数学和科学教学卓越总统奖。

萨尔曼·可汗是美国的著名教育工作者。他曾是一位非常优秀的避险基金分析师。在远程教表妹数学的过程中，他把自己的教学内容做成视频发布在 You Tube 网站上。没想到视频观看量逐渐增大，受到了很多人的关注，得到了很好的反馈。一些教师还将他的视频引入课堂。2009 年，他辞去了避险基金分析师的工作，创立了闻名全球的“可汗学院”，试图为全球学生提供免费的在线教育。2011 年，萨尔曼·可汗和他的“可汗学院”在全球迅速走红，被更多教育工作者了解。可汗的教学视频受到无数人的喜爱，还被一些一线教师用于自己的翻转课堂教学中。“可汗学院”的免费在线教学视频降低了学校和教师实践翻转课堂的门槛，在很大程度上推动了翻转课堂的进一步普及。越来越多的国家和地区的教师开始了自己的翻转课堂实践，包括中国在内。

图 2　萨尔曼·可汗和他的“可汗学院”

（三）翻转课堂在中国

翻转课堂进入我国后，首先在高校引起了广泛关注，有很多高校和教师致力于翻转课堂的研究。而在基础教育学校中，重庆市聚奎中学校、山东省昌乐一中可以说是开展翻转课堂教学的先驱。重庆市聚奎中学校自 2011 年开始翻转课堂实验，他们在没有数字化教学平台的情况下，创造条件，在数学、物理、化学、英语等四个学科教学中开展翻转课堂实验，为后来的实验学校提供了宝贵经验。山东省昌乐一中自 2013 年起在所有学科教学中开展翻转课堂实验，至 2014 年，全校初一至高三 6 个年级 146 个教学班在所有学科教学中实践翻转课堂，成为全国规模最大、学科最全的翻转课堂实验学校。目前，山东省昌乐一中初中 44 个班、高中 117 个班约 9 200 名学生自带设备，常态化进行翻转课堂学习。这两所学校的翻转课堂通过摸索、实践逐步走向成熟，重庆市聚奎中学校的“课前四步骤，课中五环节”和山东省昌乐一中的“二段四步十环节”翻转课堂教学模式均取得了丰硕的成果，并推动掀起了翻转课堂的本土化浪潮。

图3　2014年6月山东省“翻转课堂”课题研究暨昌乐一中现场观摩研讨会

三、翻转课堂的实质是什么？

从形式上看，翻转课堂与传统课堂的主要区别在于课堂结构，即由原来的学生在课堂上听课学习知识，课后做作业内化知识，转变为学生在课前通过信息技术的辅助完成学习，知识内化则在课堂中经与老师和同学的互动协作完成。因此，国内部分学者、一线教师认为翻转课堂与国内一些学校基于“先学后教”理念的课堂教学改革本质相同，甚至有人认为国内的“先学后教”就是翻转课堂。从表面看来，该观点似乎有些道理，但笔者通过山东省昌乐一中近三年的翻转课堂实践认为，翻转课堂有对“先学后教”的继承，但更多的是发展，翻转课堂的核心理念是个性化教学。学生借助于学案、移动学习终端（如平板电脑）、网络教学平台和老师提前制作的微课，按照自己的节奏、采取适合自己的方式实现个性化学习，学习过程中能够得到及时的反馈，进而实现自主纠错、自我反思；教师利用网络教学平台提供的数据，及时调整自己的教学设计，针对不同的学生实施个性化指导。所以，翻转课堂从开始实施就有信息技术手段的介入，学习流程再造、自主学习、信息技术的有效融合是翻转课堂的重要特征。

广东省教育技术中心教研员王奕标认为，翻转课堂的本质是“联通教育”：第一个联通，是课堂内与课堂外的联通。这是对传统教育时间和空间的解构与重构。课堂外和课堂内是两个差异较大的时间和空间。课堂外的时间和空间具有较大的弹性和灵活性，适合于差异性较大的个性化自主学习；课堂内的时间和空间比较固定，适合于步调一致的协同性学习。翻转课堂中，教与学的时间和空间都发生了转变。原本教师的讲授时间放在了课前由学生自我控制，学生可根据自身的水平自行加减。教师在课堂内根据实际情况减少讲授时间，留给学生更多的学习活动和解决自己问题的时间。将原本在课堂内讲授的内容转移到课堂外，课堂内师生交流和学生之间开展小组协作学习的时间增加。第二个联通，是学生个性化学习与教师贴心服务的联通。数字化学习的核心就是个性化学习。教师从知识的“垄断者”，变成了学生学习的导师和管理者。在翻转课堂中，学生成为学习过程的中心。他们需要在实际的参与活动中通过完成真实的任务来建构知识。有人会由此认为翻转课堂降低了教师的作用。其实，教师仍然是学生学习活动的推动者。首先，学生在课外可以掌控观看视频学习的节奏和方式，但学生在课外观看的授课视频是由教师选择甚至是由教师自己制作的。学生在课外需要思考和解决的问题也是由教师设计的。其次，在课堂研讨阶段，虽然发现问题、解决问题都是学生的事，但时间安排和进行活动的节奏还是由教师决定的。第三个联通，是线上学习与线下学习的联通。新东方教育集团创始人俞敏洪说，未来线上、线下结合的教育，将使任何教育领域如虎添翼；未来教育模式将会多种多样，其中最厉害的教育模式，一定是把线上、线下打通的教育模式。比较科学和理想的模式是，线上解决共性问题，线下解决个性问题。学生通过观看线上名师的优质授课视频，获取基本知识；线下通过面对面的讨论甚至激烈辩论，加深对知识的理解。互联网教育的本质是优质学习资源的共享……第四个联通，是知识与智慧的联通。知识学得多，能使人聪明，但不一定使人有智慧。翻转课堂是知识教育，更是智慧教育，是知识教育与智慧教育的有机结合。

四、实践翻转课堂有什么意义？

（一）克服传统课堂教学“齐步走”的弊端

众所周知，在我们的传统课堂上，有好多情况让我们感到很无奈：一是有的学生在课堂上遇到听不太懂的问题或接触到新知识，很想停下来深入思考，或者梳理一下思路，然而教师因为有既定的教学进度，会继续马不停蹄地讲解新的知识，导致这些学生不能停留在对前面知识的思考中，因为停留往往意味着更多的疑问和不解，这些学生只好硬着头皮听下去；二是在课堂上教师讲解知识时，学生不可能都能跟上教师的节奏，有的学生遇到疑难问题时想请教师再讲一遍甚至多遍，教师也希望帮助到每一个学生，但一般不可能重复讲解多遍直到学生弄明白为止；三是学生在教师讲解过程中听得很明白，而做作业时又不明白了，可是此时又得不到教师或者同学的帮助；四是在学生完成作业后，教师将学生的作业带回办公室批阅，学生得不到教师的即时反馈信息，不知道完成的效果如何，而等到教师讲解时往往已经忘记当时是怎样做的了。而翻转课堂的个性化学习能够克服这些弊端：学生可以根据自己的实际情况自定步调进行学习，遇到不懂的问题可以通过小组合作学习或教师的“一对一”辅导解决，不再被“牵着鼻子走”。

（二）关注学生个性差异的存在

人们接受和加工信息、进行学习，要借助不同的感觉器官，如用耳朵听，用眼睛看，用手摸等。由于个人身心特点存在差异，不同的人对不同的感觉器官和认知通道有不同的偏爱。有的人喜欢通过视觉接受信息，也有的人喜欢通过听觉了解外在世界，还有的人更习惯于通过动手（或身体运动）来探索外部世界。心理学有关研究表明，不同认知通道的学习效果是有差异的。一般来说，只使用视觉通道，仅能记住学习内容的25%；只使用听觉通道，仅能记住15%；而视听结合，使用多通道参与学习活动，则能记住65%。不同感知类型的学生，在学习中有不同的表现，所应采取的学习策略也各不相同。

在各种学习情境中，每一个学生都是带着自己的特点进入学习的。而学生之间存在着生理和心理上的个体差异，不同学生获取信息的速度不同，对刺激的感知及反应也不同。因此，要实现真正意义上的个性化教学，必须了解学生的学习风格，并在此基础上为每一个学生提供适合其特点的学习计划、学习资源和学习环境。

尊重学生的个体差异，给予适合学生的个性化指导和帮助，这已经成为教育工作者的普遍共识。翻转课堂，恰恰能够照顾到学生的差异，通过提供不同的学习资源，给予学生不同的学习指导和帮助，实现学生的个性化学习，促使学生获得个性化发展。

（三）适应信息化社会的发展

《国际教育信息化发展报告（2014–2015）》指出，信息化是当今世界经济和社会发展的大趋势，信息化水平已经成为衡量一个国家和地区现代化水平的重要标志。近年来，信息化在国家发展战略中的地位和作用更加突出。而教育信息化作为国家信息化的重要组成部分，已经成为建设人力资源强国的内在需求。以教育信息化带动教育现代化是我国教育改革和发展的战略选择，是促进教育公平、提升教育质量的有效途径，有助于优化教育资源配置、促进优质教育资源共享、创新人才培养模式、转变教育发展方式。

《新媒体联盟地平线报告（2014 基础教育版）》基于对未来发展趋势和挑战的认识，指出了对基础教育产生重大影响的六项新技术。其中，自带设备（也称为自带技术，指人们把自己的笔记本电脑、智能手机、平板电脑、电子书阅读器等移动设备带到学习或工作环境中的做法）和创课空间会在较短的时间内被更多的教育机构采用，比较便于学校利用移动学习并创设相应的技术环境，让学生通过“实践”和“创造”来掌控自己的学习。

信息化社会背景下出现的翻转课堂，作为一种新兴的教学模式，颠覆了传统课堂中“知识传授”与“知识内化”的过程，在信息技术的支撑下为学习者构建出个性化、协作式的自主学习环境，促进了教育模式的改革和创新型人才的培养，使信息技术远远突破了辅助教学的概念而成为教育不可或缺的工具和要素。

（四）促进学习型社会的发展

联合国教科文组织把“学会做人、学会做事、学会合作、学会求知”作为 21 世纪教育的四大支柱。所谓“学会求知”，是培养学生“学会学习”的能力，更多的是让学生学会求知的手段，而不是只获得经过分类的系统化知识本身。当今社会，随着信息的日益膨胀及知识的迅速累积，教育尤其是学校教育，单纯地追求传授固定的知识和技能显然已经不能适应学生个体和整个社会发展的需要。建设学习型社会要求我们每一个人都具有一定的自主学习能力。学习能力高低不再是指能否学会教材中固有知识的能力，而是指其是否学会了学习、是否善于思考及是否具有创造力。

卡塔尔基金会对全世界范围内的600位教育专家进行了调查，结果，近百位被采访的专家认为，网络内容将成为未来人们获取知识的第一来源，其后才是传统学校、社交与个人环境、职场。网络使得知识的获取变得极为容易，教师和教材都将只是知识获取的方式之一。搜索引擎、网络百科、知识社区等多渠道及多维度的知识获取，会使得自主学习成为未来学习者积累知识的首选。

翻转课堂的教育旨趣与时代需要相吻合，因为它注重培养学生的学习能力，注重培养具有个性的人才。

五、翻转课堂的理论依据是什么?

翻转课堂的理论依据是指支撑翻转课堂实践的理论，一般指已有的、成熟的、对翻转课堂有指导意义的学习理论，如可汗学院依据的掌握学习理论。由于有关翻转课堂的研究是“先实践，后理论”，因此到目前为止，对于翻转课堂的理论依据还没形成统一的认识。此处列出被大家普遍认可的五种理论依据。

（一）掌握学习理论

掌握学习理论由布卢姆等人提出。所谓“掌握学习”，就是在“所有学生都能学好”的思想指导下，为学生提供所需的个别化帮助以及所需的额外学习时间，从而使大多数学生达到课程目标所规定的掌握标准。其基本理念是：只要给予足够的时间和适当的教学，几乎所有的学生对几乎所有的学习内容都可以达到掌握的程度（通常要求完成80%~90%的评价项目）。学生在学习能力上的差异并不决定他能否学会教学内容，而只能决定他将要花多少时间才能达到对该项内容掌握的程度。即学习能力强的学生可以在较短的时间内达到对某项学习内容掌握的程度，学习能力差的学生则要花较长的时间才能达到同样的掌握程度。

翻转课堂让学生按自己的方式、节奏去合理安排学习时间，实现了学生的个性化学习。学生在不懂的时候，有足够的时间去反复观看微课，有足够的时间去思考、接受新信息，并能根据自己的实际情况把握学习进度。教师能通过在线形成性测试了解学生学习中存在的问题，以便及时给予“一对一”的辅导，使学生的错误得以及时纠正，达成学习目标。所以，翻转课堂能使掌握学习得以真正实现。掌握学习理论不仅是翻转课堂教学的理论依据，而且对翻转课堂的实践具有特别重要的指导意义。

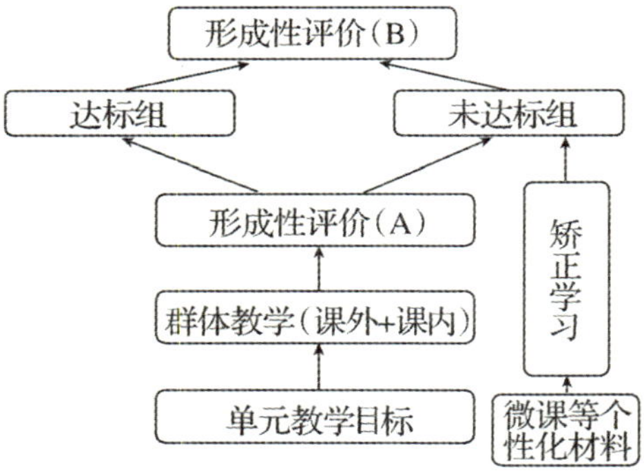

图 4　翻转课堂对达标的促进作用

（二）建构主义学习理论

掌握学习理论解释了在知识接受阶段学生是如何掌控学习节奏的，但知识的接受和记忆仅仅是翻转学习的初级阶段，更重要的高级阶段是学生对知识意义的建构。因此，掌握学习理论并不能解释翻转课堂教学的全过程和所有方面。

当代建构主义者主张，世界是客观存在的，但是对于世界的理解和意义赋予却是由每个人自己决定的。我们是以自己的经验为基础来建构现实的，或者至少说是在解释现实的。每个人的经验世界是用自己的头脑创建的。由于我们的经验以及对经验的信念不同，我们对外部世界的理解便也迥异。所以，学习不是由教师把知识简单地传递给学生，而是由学生自己建构知识的过程。随着多媒体和网络技术的发展，建构主义学习理论得到了强有力的技术支持。建构主义的流派也很多，但是它们之间有着以下共识：

（1）学习是学习者主动建构内部心理表征的过程，这种建构不可能由他人代替；

（2）学习过程一般包括两方面的建构：一方面是新加入知识的建构，另一方面是对原有知识的改造；

（3）学习既是个性化行为,也是社会化行为,学习需要对话和合作；

（4）学习要在一定的情境下进行。

从建构主义的视野来看，微课解决了传统课堂教学中知识传授步调一致所带来的无视学生个体差异的问题——部分学生因跟不上集体的学习节奏而掉队，部分理解力特别强的学生则可能觉得教师的讲解过于浪费时间。但并非仅仅停留于此。学生需要针对具体的问题情境对原有知识进行再加工和再创造。学生以自己的方式建构对于事物的理解，因而不同的人看到的是事物的不同方面，不存在唯一标准的理解。因此，在翻转课堂教学中，学生的合作能使理解更加丰富和全面。显然，创设情境、协作探究、展示交流和意义建构，构成了翻转课堂的主要活动内容。

（三）“自组织学习”理论

“自组织学习”理论是英国纽卡斯尔大学教育技术学教授苏伽

特·米特拉，通过著名的“墙中洞”教育实验而总结得出的教育和学习理论。

在贫穷的印度村庄，苏伽特·米特拉在墙上挖了个洞，在洞里放置电脑，并安装摄像头记录孩子们的行为。出人意料的结果是，那里从来没学过英文的孩子们通过摸索和尝试，很快学会了使用英文版的电脑上网，并借助网络学会了其他知识。孩子们通过电脑学会了什么？他们学会了基本的Windows操作，学会了浏览器的使用，学会了电脑绘图、在线聊天、收发电邮、玩游戏、听音乐、看视频……总结起来，苏伽特的“墙中洞”实验发现了如下事实：教育信息技术的使用能将优质教育资源传送到边远地区；孩子的学习是一种“自组织行为”，孩子可以借助技术自己教会自己，从而进一步发展了建构主义学习理论；机器和技术不仅能替代教师的部分作用，而且在某些方面会比教师做得更好；学习的最大乐趣和动力是可以教会其他人学习；学习能力与年龄大小无关，小年龄的教会大年龄的现象非常普遍。

苏伽特在论述“自组织学习”的必要性时说：“你能够想象和确认，你所教的和考查的东西，在20年后学生走上工作岗位还管用吗？”为此，苏伽特分析，只有三种最基本的东西是“大数据”时代学生必须学和用得到的：“第一是阅读理解，第二是信息检索，第三是让孩子具备与教条抗衡的能力”。

翻转课堂中，学生能够依靠电脑技术和网络技术的支持，通过自我学习和互助学习，学习任何东西，教师不再占用课堂时间进行知识传授。这个理论假设的依据就是“自组织学习”理论。在“互联网+”时代，翻转课堂本质上就是一种教育技术支持的“自组织学习”：学生不仅可以借助微课完成对知识的个性化学习，而且可以组成学习小组，通过协作探究、展示交流、意义建构，完成对知识的拓展和创新，发展批判性思维和创造能力。

（四）“最近发展区”理论

“最近发展区”理论是由苏联教育家维果斯基提出来的。他认为：教育对儿童的发展能起到主导作用和促进作用，但需要确定儿童发展的两种水平：一种是已经达到的发展水平；另一种是儿童可能达到的发展水平。这两种水平之间的距离，就是“最近发展区”。把握学生的“最近发展区”，能加速学生的发展。

翻转课堂的前置教学设计，要着眼于使学生借助微课学习基本掌握本课基础知识并达到“最近发展区”水平，才能有效促进学生的进一步发展。知识内化的课堂教学必须在学生课前借助微课学习的基础上有所拓展与创新；拓展与创新又以课前学习任务的完成为前提和依据。

（五）脑科学理论

随着科学技术的高速发展和研究手段的不断进步，脑科学已经成为当今世界科研领域最前沿、最重要、最活跃和科研成果最丰硕的科学领域之一。

例如，上海市黄浦区教育学院科研室主任李金钊在其著作《基于脑的课堂教学：框架设计与实践应用》一书中指出：学生学习以大脑的四个属性（称之为“生理的脑”“认知的脑”“情绪的脑”和“社会的脑”）为基础，有效的学习和教学必须能够满足学生以上“四种大脑”的需求。

基于脑的学与教，要求教师按照学生的认知发展规律和知识学习规律，合理安排和处理教学内容，采取有效的教学方法，让学生的学习更加有意义。因而，基于脑的课堂教学要求充分体现学生的主体作用，进行更多的课堂练习和及时的教学反馈；强调课堂教学以“学”为中心，体现以及强调互动与合作，满足学生的社会性需求。

基于脑的课堂教学是一种全新的教学理念和教学方式，它具有以下四个鲜明的特点：一是脑与认知科学研究成果是教学设计的基本依据；二是充分认识和了解大脑的发育发展规律和认知活动规律是教学的前提；三是提高课堂学习效能，促进学生更好地发展，是教学的基本目标；四是在教学过程中特别关注学生的个体差异，充分发挥学生的主体作用。

六、翻转课堂是如何改变学生学习的?

乔纳森·贝格曼和亚伦·萨姆斯多次在演讲中提到了翻转课堂从以下三方面根本上改变了学生的学习。

（一）“翻转”让学生自己掌控学习

翻转课堂教学中，利用微课，学生能根据自身情况来安排和控制自己的学习。学生在课后或回家看老师制作的微课，完全可以在轻松的氛围中进行，而不必像在课堂上老师进行集体教学时那样紧绷神经，担心遗漏什么，或因为分心而跟不上教学节奏。学生观看微课的节奏快慢全在自己掌握，懂了的地方可以快进跳过，不懂的地方可以倒退反复观看，也可停下来仔细思考或做笔记，甚至还可以通过聊天软件向老师和同伴寻求帮助。

（二）“翻转”增加了学习中的互动

翻转课堂全面增加了课堂的互动，具体表现在教师与学生之间的互动以及学生与学生之间的互动。

由于教师的角色已经从内容的“传授者”转变为学习的“指导者”，这让教师有了更多时间与学生交流，回答学生的问题，对学生进行个别指导，以及参与到小组协作学习中，对学生在协作学习中碰到的共性问题及时进行点评、讲解，及时给予指导。当教师更多地成为学习的“指导者”而非内容的“传授者”时，教师也就有了更多的机会观察学生之间的互动，并能引导学生的互动。

学生之间则通过讨论、小组合作等方式进行协作学习，彼此互相帮助，相互学习和借鉴，大大增加了互动。

（三）“翻转”让家长与教师的交流更深入

传统课堂下，家长与教师沟通交流的内容，关注最多的是学生的成绩以及在课堂上的表现，比如：是否安静地听讲，行为举止如何，回答问题的情况如何，是否打扰其他同学等。这些表现往往被认为与学生成绩的好坏有直接联系。而在翻转课堂教学模式下，对于这些问题我们回答起来却很纠结，因为在翻转课堂中这些问题不再是最重要的问题。我们更关注的问题是：孩子们是否在学习？如果他们不学习，我们能做些什么来帮助他们学习呢？这个更深刻的问题会带领教师与家长商量：如何帮学生创造一个好环境，帮助他们成为更好的学习者。

通过对翻转课堂的实践，笔者认为，翻转课堂还至少从以下两个方面改变了学生的学习：

一是“翻转”使学生的学习效果得到及时反馈。由于翻转课堂的教学流程调整为“学生课下借助微课学习知识，课堂上做作业内化知识”，这就使得学生的学习习得可以在第一时间得到反馈。例如：在山东省昌乐一中，教师可以利用网络教学平台的数据，第一时间掌握学生在线自测的情况，及时了解学生在知识内化过程中遇到的疑难问题，为“疑难突破”环节的教学提供了依据。在“训练展示”环节，教师可以通过不断地巡视，及时发现学生学习存在的问题，在“评价点拨”环节有的放矢地进行讲解。

二是“翻转”实现了“一对一”教学。翻转课堂最大的创新就是可以实现大班额“一对一”教学。课前学生借助微课学习是学生与老师的“一对一”；课堂上教师在掌握了最真实学情的情况下，聚焦问题，师生“一对一”、生生“一对一”互动交流，教师可有针对性地指导帮助学习过程中存在问题的学生。

七、实践翻转课堂一般应具备哪些条件?

要想实践翻转课堂，需要具备一些基本的条件，包括软件、硬件设施、资源建设三大方面：“软件”方面要有理念的转变和学生家长的支持，要搭建网络教学平台等；“硬件设施”方面，配置网络设备，配备学生个人学习终端等；“资源建设”方面要有学案资源、微课资源、网络资源、师生培训、专家指导和校际交流等。

“软件”方面，首先，最重要的是转变思想，更新理念。翻转课堂旨在促使学生实现个性化学习和个性化发展，每个学生都可以按照自己的学习节奏来自主地安排学习，每个学生都能够达到自己的“最近发展区”水平，获得发展的可能性。无论是学校管理层，还是一线普通教师，甚至后勤服务人员，只有都转变了教学思想，树立起适应时代潮流的意识，主动学习并接受翻转课堂教育理念，才能在教学实践和服务中做得更好、更出色。例如，教学服务工作与过去相比，事务更具复杂性，更加碎片化，用电的保障、网络的畅通等都是实践翻转课堂的必备条件。

其次，实践翻转课堂离不开学生家长的大力支持。征得家长们的信任和支持，是非常重要的：通过向家长们传递翻转课堂的先进理念，传播教学改革的思想，获得家长们的支持和理解，学校和教师将得到实践翻转课堂的强大后盾。山东省昌乐一中采用家长微信群、家长会等形式，向家长说明实践翻转课堂的必要性，展示翻转课堂取得的成果，并且直接邀请家长到校进行课堂观摩，让家长亲身感受翻转课堂给学校和学生带来的变化，起到了很好的沟通效果。

第三，山东省昌乐一中与技术公司合作开发了网络教学平台，教师可以通过教师客户端进行微课发布，根据课时需要推送部分拓展资料，并可以根据平台统计的数据及时了解学生内化知识的情况，及时根据学生的学习情况通过平台组编试题，让学生进行跟踪练习；学生可以通过学生客户端进行微课学习，完成相应的在线测评题目。

图 5　祝智庭教授深入山东省昌乐一中课堂指导教学

图 6　山东省昌乐一中教师外出送课

硬件设施方面，实践翻转课堂需要配置良好的硬件设施：网络服务器平台的构建、网络的配置、平板电脑的配备等。

山东省昌乐一中安装配置了千兆网络设备，在每个教室、办公室安装了无线 AP 网络设备，保证了网络的畅通；建设了纯高清录播教室，师生在录播教室的授课活动可被及时记录下来，为后期教师进行培训学习自我提高提供了第一手资料；为每位教师提供了平板电脑，供教学研究使用；为学生提供了多样化的学生用平板电脑购买方案，为观看微课进行在线学习提供了硬件保障。

“资源建设”方面，实践翻转课堂首先需要为学生提供自主学习资源：需要科学合理地编制出符合学生的学习规律又能够引导学生开展自主学习的学案，设计制作出短小精悍又能够激发学生的学习兴趣的微课，并根据学生的差异提供给他们不同的学习资源或者引导学生自己搜索学习资料等等。这些都是实践翻转课堂的资源基础和必要条件。

其次，实践翻转课堂需要对教师和学生进行培训和指导。对教师而言，教学管理与以前相比，组织教学活动、管理学生、进行教学设计等各个方面都不同了，需要重新开始探索。教师应该转变观念，积极主动地学习和接受培训，学习怎样利用技术手段制作高质量的微课，怎样进行教学实践与课题研究，如何指导学生进行更有效的自主学习等等。对于学生来说，他们可能之前已经习惯了传统课堂中的学习，突然获得“自由”和“解放”，是不太适应甚至无所适从的。学生应当接受教师的指导，尽快适应翻转课堂教学模式，学会合理规划时间，学会合作学习，学会发现自己学习中存在的问题等等。

第三，实践翻转课堂还需要教育专家的指导与帮助，也离不开与兄弟学校的交流与合作。邀请教育专家进行指导，有助于科学、有效地实践翻转课堂。山东省昌乐一中先后邀请五类专家到校进行指导：技术类专家，如华东师范大学祝智庭教授、上海师范大学黎加厚教授、华南师范大学焦建利教授、苏州电教馆原馆长金陵先生；学习类专家，如华东师范大学庞维国教授；课程类专家，如华东师范大学崔允漷教授；评价类专家，如北京师范大学刘坚教授；学科类专家，如北京师范大学王磊教授等。专家们定期到学校进行教师培训和指导翻转课堂，使得山东省昌乐一中收获了宝贵的经验，少走了许多弯路。与此同时，山东省昌乐一中还定期与兄弟学校进行交流探讨，以便于发现实践中存在的问题，并获得宝贵的建议。自 2014 年至今，已有美国、澳大利亚和我国除西藏外的 30 多个省（自治区、直辖市）的 2 600 多所学校共 26 000 多人到山东省昌乐一中观摩交流。

八、翻转课堂得以逐步推广的外部因素有哪些？

信息化驱动教育的创新。翻转课堂是一种创新的教学模式。从当前的环境来看，主要有两个核心因素不断驱动着翻转课堂的推广。

第一，传统课堂教学暴露出的问题。

布鲁姆认为，通过掌握学习，有 90% 以上的学生能学会课程内容。芝加哥大学进行的实验（据个别教学、掌握学习、传统的集体教学条件下学生学习情况的不同）结果得到了这样的结论：大约 90%的个别教学组、70%的掌握学习组的学生达到了终结性成绩水平，而集体教学组只有 20%达到。而全美国高中每年只有 69% 的学生能完成学业，余下的 31% 不能毕业（数据来自美国自适应学习网络平台公司 Knewton 的“翻转课堂信息数据图表”）。从中不难看出：目前掌握学习的效果似乎并不太理想，原因在于群体教学模式的存在，使得学生不可能完全按自己的时间和节奏进行学习，而是必须跟上集体教学的进度。这种忽视学生差异性的教学模式注重群体教学和目标检测，缺乏个别化辅导矫正，势必导致学习效果大打折扣。传统课堂不尽如人意的教学效果倒逼教学改革。

第二，信息技术带来的冲击。

信息技术已经在人们的生活中生根、发芽。“互联网 +”时代的到来为学生学习提供了更大的便利，也必将带来质的飞跃。基于信息技术支持的翻转课堂教学模式，则给教育带来了一场新的变革。网络在线学习在翻转课堂教学中得到了广泛的应用，无论是涉及的领域还是使用的人数都有了巨大的发展。例如：美国的在线学习人数在过去的一段时期呈几何倍数增长——2000 年约有 45000 名 K12 学生参加了在线课程学习，2009 年则已超过 300 万；预计到 2019 年，所有高中课程的 50%都将采用在线学习形式。事实证明，信息技术已经给人们带来了全新的学习方式。在线教育视频的盛行促进了信息化教育的变革，一定会给教育带来翻天覆地的变化。

九、翻转课堂内部是怎样运作的?

翻转课堂的教学流程主要包括课前学习知识和课堂内化知识两个部分。结合美国林地公园高中的经验和国内几所具有代表性的翻转课堂学校的做法，从促进学生“学”的角度，我们总结了下面的大致步骤：

（一）课前活动

1. 明确学生需要掌握的知识目标以及微课主要针对的问题或最终需要解决的问题。

2. 制作微课。微课的来源主要有两种：一是选用网络上优秀的开放微课资源，但现成的资源须与实际知识目标一致，否则不宜选用。二是教师自行制作微课，由于自行制作的微课具有针对性强和与教学目标吻合度高的特点，因而在实践中得到了广泛应用。在制作过程中应考虑学生的想法，以适应不同学生的学习方法和习惯，尽可能地使制作的微课“高大上”，以尽可能地吸引学生的注意力，提高学生的观看兴趣。

3. 教师针对微课编制课前练习题（在线测试题）。教师根据“最近发展区”理论编制课前针对性练习题时，要充分考虑学生已有的认知结构，合理设计练习题的数量和难度：题目不宜过多，以 3~5 题为佳；难度要恰当，要照顾到学生学习能力的差异性，既能使学困生有成就感，又能让优秀生感到有一定的挑战性，以便激发学生的学习兴趣和动力。

4. 学生观看微课自主学习。学生观看微课的时间和节奏完全由自己掌握，以提高学习效率。观看微课之后，要完成教师提前布置的课前针对性练习题，以加强对学习效果的巩固。同时，学生可以通过聊天室、留言板等社交媒体与同伴进行互动交流，分享各自的学习收获，探讨上述学习过程中遇到的疑惑，互相解答，共同提高。

（二）课堂活动

学习内容在课前传递给学生后，课堂上教师更需组织高质量的学习活动，让学生有机会在具体环境中应用其所学到的知识解决问题，达到更深层次的理解水平。

1. 确定探究的问题。课堂上要探究的问题由师生共同确定。从教师的角度看，教师需要根据教学内容的重、难点，学生观看微课时生成的问题以及网络教学平台提供的数据（错题统计等）提出针对性问题；从学生的角度看，学生要将自己在课前观看教学视频自主学习和进行在线自测时发现的而在与同伴的交流中未解决的问题反馈给老师。

2. 学生独立解决问题。在翻转课堂中，教师首先应该注重培养学生的独立学习能力，让学生根据自己的学情自主选择相应的探究题目并独立解决，从而系统地构建自己的知识体系。

3. 开展协作探究式学习活动。教师根据学生的不同特点进行“异质”分组（可参阅本书中问题五十四），小组中的每个成员都要积极地参与到探究活动中，随时提出自己的观点和想法；小组成员之间通过交流、协作共同完成学习目标。在此过程中教师要随时捕捉各小组的探究动态并及时进行指导。特别对于学生通过协作还不能解决的问题，教师要及时加以点拨指导。

4. 进行教学评价与反馈。翻转课堂的评价机制是多维度、多方式的。评价内容包括针对性练习的成绩、提出问题的情况、课堂独立解决问题的表现、在小组协作探究活动中的表现、成果展示情况等多方面。

十、翻转课堂到底翻转了什么？

（一）翻转课堂翻转了教学流程

我们已经知道，学生的学习过程由两个阶段组成：第一个阶段是知识的传递，第二个阶段是知识的吸收内化。如果缺少教师的支持和同伴的帮助，学生常常会在吸收内化阶段有挫败感，逐渐丧失学习的成就感和动力。翻转课堂对学生的学习过程进行了重构。知识的传递是学生在课前完成的，教师不仅提供了微课和学案等学习资源，还可以提供在线辅导；知识的吸收内化是在课堂上通过互动来完成的，教师提前了解学生的学习困难，在课堂上给予有效的辅导，学生之间相互交流，更有助于促进学生对知识的吸收内化。

（二）翻转课堂翻转了学习时空

时间是所有学习活动最基本的要素。充足的时间与高效率的学习是提高学习成绩的关键因素。翻转课堂中教师不再占用大量课堂时间讲授知识，这样留给学生自主学习和活动的时间相对传统课堂要多，学生按自己的节奏进行学习，提高了学习效率。其关键之处在于，教师需要认真考虑每一次“翻转”中任务前置和知识内化的时间分配，这需要教师在教学设计中进行充分思考、规划，使得课堂时间利用高效化。

（三）翻转课堂翻转了师生角色

翻转课堂使教师的角色发生了改变，即从以前的知识的传授者变成了学习的促进者和指导者。教师也是课堂活动的推动者、引领者。当学生需要指导的时候，教师便会向他们提供必要的支持。自此，教师成了学生便捷地获取资源、利用资源、处理信息、应用知识到真实情境中的“脚手架”。

翻转课堂需要教师运用新的教学策略。新的教学策略要能够促进学生的学习，但不能干预学生的选择。在翻转课堂中，学生是学习过程的中心，他们需要通过观看微课等学习活动来完成知识的建构。这就需要教师运用新的教学策略达成这一目的。同时，教师要对学生的知识掌握情况给予及时的反馈，使学生清楚自己的学习情况。在线评测便于教师对课堂活动的设计做出及时调整，更好地促进学生的学习。

翻转课堂使学生更好地明确了学习的责任。传统课堂教学以教师讲授为主，所以学生往往会认为学习活动的中心是教师，学习成绩不好的原因是教师没有教好。实践翻转课堂后，教师变为导师的角色，学生逐步成为自己学习的中心，学会了对自己的学习负责。

（四）翻转课堂翻转了教学理念

翻转课堂促使以“教”为中心到以“学”为中心，从知识传授为主到以能力培养为主，从课堂学习为主到多种学习方式综合运用的转变。

随着技术的发展，教育进入到一个新的时代，学生可以利用网络百科、搜索引擎等技术工具获取自己所需的知识，丰富学习资源，进行知识的无限延伸拓展。在技术支持下的个性化学习中，学生成为自定步调的学习者，他们可以控制对学习时间、学习地点的选择，可以控制学习内容、学习量。翻转课堂是有活力的并且需要学生高度参与的课堂，是在技术支持的协作学习环境中建构深度知识的课堂。在翻转课堂中，学生的学习活动并非完全独立，而是需要根据学习情况与同学、老师进行大量的交流互动，以促进对知识的深度理解与建构，学生便是这个过程中的主角。

十一、翻转课堂如何翻转了“教”与“学”的关系?

国外一些翻转课堂的形式是：课外学生借助微课学习，课内展开讨论完成作业。就形式上看，类似于视频教学或者网络教学。而真正的翻转课堂并非单纯是视频教学，也并非简单的课前预习与提出问题。它应该是对传统教学思想的翻转，也即从“教—学”到“学—教”的翻转。

“教—学”到“学—教”,它体现了师生角色的转变。在这种模式下，教师的角色由内容的传授者转变为学习的促进者和指导者，学生的学习模式由被动接受转为主动学习。这也正是翻转课堂的核心点。

“学—教”模式真正体现了学生的主体地位，一切以学生为中心，“学”是核心，而“教”只是作为一种辅助“学”的手段。这种教学模式对传统教学思想的颠覆具体体现在以下几个方面：

1. 重思考，而非听课。“学—教”模式下，自始至终学生最重要的行为是思考，课前自主思考，课上再与同伴一起，有时是在教师的帮助下，通过交流讨论引发深度思考。

2. 重课前，而非课后。课前的学习思考是关键，而非课后的强化与巩固，这区别于“教—学”模式下通过大量的强化学习行为（如大量作业、复习、考试等）来保证课堂教学的效果。

3. 融合多种学习行为。翻转课堂的“学—教”模式能将记忆、理解、思考和应用等多种学习行为融合在一起。而传统课堂课上学习、课后复习的模式使接受知识、解读知识、思考知识和应用知识的行为分离开来。显然，多种学习行为的融合更有利于知识的学习与掌握。

十二、国内翻转课堂有哪些基本的翻转方式？

国外的翻转课堂模式中，学生基本上是在家看微课等学习资源。在国内，限于技术的发展水平等因素，存在两方面的问题：一是学生家里未必都有电脑，二是多数家长对孩子上网持审慎态度。因而出现了下列常见的三种翻转方式：

第一种是“家校翻”，即和国外的做法一样，学生在家看微课学习、做练习，到课堂上讨论。不同的是，教师把微课发给学生家长，由家长放给孩子看。

第二种是“校内翻”，即前置学习和课堂讨论都在学校内完成。只不过前置学习是在自习课等课前时间，利用平板电脑等移动终端看微课学习，或者利用学校的机房看微课。课堂上进行讨论，完成相关练习题，进行知识的运用和巩固。这种方式适用面较广。

第三种是“课内翻”，即前半节课看微课学习、做练习，后半节课讨论。这种方式一般适合课堂内容量比较小的学段或学科。

十三、翻转课堂与传统课堂的主要区别是什么？

前面提到：翻转课堂翻转了“教”与“学”的关系。因而，翻转课堂与传统课堂有着较大的区别，具体如表 1 所示：

表1　翻转课堂与传统课堂的综合比较

比较项目	翻转课堂	传统课堂
教学特征	先学后教	先教后练
主要学习材料	教材和微课	教材
主要教学模式	课前学生按照自己的时间和进度通过教材和微课学习；课堂时间用来答疑解惑，内化知识	在课堂上，教师负责讲，学生负责听；课后学生做作业
课堂内的主要学习活动	展示交流、合作探究、科学实验、完成作业等	新课导入、知识讲解、布置作业等
课堂外的主要学习活动	自主学习、自我反馈、提出问题等	完成课外作业
教师的主要作用	导学、助学、促学	传授知识
优点	1. 学生可以自定进度学习，能得到及时的反馈并纠正自己的问题； 2. 对于不懂的问题可反复观看微课，直到看懂为止； 3. 在课堂上有更多的时间去思考、交流； 4. 学生能在一定程度上兼顾学生的差异性	1. 在课堂上教师能够直接看到学生对课程内容的反应； 2. 课堂上教师带动学生一起学习迫使学生不受其他因素的干扰； 3. 学习环境单纯
不足	1. 需要培养学生较强的自主学习能力； 2. 学生在观看微课时容易本末倒置，被电脑上的无关信息干扰； 3. 需要一定的技术手段支持	1. 忽视学生接受能力的差异； 2. 课堂上教师与学生的互动时间少； 3. 在课外作业的完成过程中，教师不能及时为学生答疑解惑
存在的问题	1. 怎样提高教师的信息素养？怎样利用信息技术提高教学效益？ 2. 怎样提高学生的自学能力？怎样利用信息技术提高学习效率？ 3. 如何构建基于翻转课堂的教育教学评价体系	1. "一个版本"的教学模式并不适合于接受能力存在差异的不同学生个体； 2. 教师事先设定好的教学计划不能灵活应对没有完全掌握课程知识的学生

十四、翻转课堂与微课、微课与慕课分别有什么区别？

（一）翻转课堂与微课的区别

微课是一种教学视频，针对某一个知识点（一般是重、难点），时间长度在 5~8 分钟。它只是实践翻转课堂的一种资源，承担着知识传递的任务。不能把做微课与实践翻转课堂直接画等号。如果认为让学生观看微课就是实践翻转课堂，那就没有真正理解翻转课堂的实质及实现学生的个性化学习。

（二）微课与慕课的区别

慕课（MOOC），是大规模在线开放课程（Massive Open Online Course）的简称。斯坦福、杜克、耶鲁等许多世界知名大学开发了很多慕课课程。在国内，很多大学也在积极开发慕课课程。知名的慕课平台有国外的 Coursera、edX，国内的中国大学 MOOC、学堂在线等。虽然微课与慕课都与视频有关，但两者又有明显的区别。

1. 从制作难度看：微课制作简单，成本很低，应用方便，适合一线教师自己制作和使用，更容易在中小学推广普及。因此，微课的开发更多的是教师个体的行为。而慕课一般属于专业制作，程序、过程复杂，成本很高，每门课的制作经费，少则几十万，多则几百万。因此，慕课的开发一般是有组织的集体行为。

2. 从结构规模看：微课是单个的教学视频，结构相对单一，制作有一定的随意性；微课之间的关联性一般较小，组织零散，系列化程度较低。微课往往与其他的资源（如学案等）相互配合使用，才能充分发挥它的作用。而慕课则是基于网络教学平台的在线课程系统。它包括以视频和文本为核心的系统的学习资源，也包括授课、讨论、反馈、作业、考试等一系列教学行为，还包括系统的课程大纲、教学目标、考核标准、课程管理等，课程结构要复杂得多。

3. 从受众和交互性看：微课到目前为止主要针对的是中小学生群体。制作交互性的微课对一般教师来说门槛较高，部分微课会模仿课堂互动提出一些问题，但往往是自问自答。部分微课视频结尾会布置一些作业，但一般对学生没有约束力，可能会有部分学生不去完成。除非有网络教学平台数据记录和数据分析的支持，否则学生的学习过程和学习效果也很难得到及时反馈。慕课涉足的领域很多，其侧重点在大学教育和继续教育，K12 阶段鲜有涉及。慕课的交互性强。慕课通常有课堂测验与课后作业，其中作业有以小组形式完成的内容，并且有相应的论坛供学生交流讨论。

4. 从学习者的收获看：微课一般不具备课程的完整要素（如评价标准、评价手段以及相应的评价结果），学生在观看微课后一般仅学到相应的知识，没有证书或学分等终结性评价。慕课作为课程，对学生的学习情况有相应的评价。学生通过慕课修完某门课程并通过考试后，可得到相应的证书。在校大学生还可通过选修慕课上的课程，来获得相应的学分。美国已经有一些公司发表声明认可在慕课上获得的学历，而这也势必推动慕课未来的发展。

此外，微课和慕课在是否具有商业性等方面还有不少区别，在此不作赘述。

（注：本问题中的“微课”指微课视频。关于微课是不是课程目前依然有争论，在此不作讨论。）

十五、为什么我们要鼓励教师在理性认识翻转课堂的基础上积极研究和实践翻转课堂呢？

对于翻转课堂的本质，我们应该有如下理性的认识：第一，无论如何“翻转”，它仍然是课堂，仍然应该具备课堂的共性特质，仍然应该遵循课堂的相关规律；第二，尽管仍然是课堂，但它毕竟已“翻转”，而“翻转”的目标指向应该是课堂实效的提升，且“翻转”的运作必将带来多角度、多层次的课堂变革。我们要鼓励教师在理性认识的基础上积极研究和实践翻转课堂，原因是：

（一）适应信息化社会发展的需要

我国《国家中长期教育改革和发展规划纲要（2010–2020）》高瞻远瞩地提出："信息技术对教育发展具有革命性影响，必须予以高度重视。"信息技术对教育的各个方面、各个环节都会产生颠覆性的变革，它正在改变我们的学习习惯和学习方式，也在改变学校的教学模式。我们必须适应信息化社会的发展趋势，转变教育观念，重新审视教育技术，从不同的视角积极主动地探索信息革命下如何进行教育变革，如何在教育中充分利用现代信息技术以促进教育的发展。

同时，信息化社会的知识与知识、知识与知识人、知识人与知识人的关系发生了革命性的变化，必将引起教学模式的变革，传统的"应试教育""灌输教育"模式受到挑战，注重团队合作、重视探索探究的教学模式将因其符合信息时代的需要而得到迅速发展。教学模式的变革将引起教育关系的变化，学校与学生、教师与学生、家长与学生、学生之间的教育关系都将创新发展。另外，信息化对于学校的管理也将产生深远的影响，优化教育管理模式，改善学校治理结构，也将促使新型教育关系的产生。

因此，从教育信息化发展和信息化社会发展的角度来看，作为教育主体之一的教师，必须适应发展趋势，顺势而为，积极进行教学方式的改变和创新，为促进教育公平和培养创新人才做出努力。

（二）让更多的学生受益

传统课堂存在的弊端，使得教师不可能照顾到每一个学生。"学困生学不会，尖子生吃不饱"的现象是客观存在的。而翻转课堂能让学生按照自己的节奏进行学习，针对疑问，学生可以多次观看微课直至问题得到解决；如果不能彻底解决，可以把问题记录下来，拿到课堂上，通过协作学习加以解决。在集中解决重、难点问题时，学生有了直接面对新内容、新问题、新情境的机会。这从很大程度上解决了学习的差异性和个性化的问题，从而让更多的学生受益。

十六、国内教育达人们对于翻转课堂有哪些见解？

翻转课堂引发了师生角色、课程模式、教学管理模式等一系列变革。不同的专家从不同的角度对翻转课堂有不同的见解。聆听这些见解有利于我们更好地把握翻转课堂的实质。下面摘录一些：

（一）严继昌（清华大学教授，全国高校现代远程教育协作组秘书长）：

翻转课堂具有很强的生命力，应得到充分合理的利用。翻转课堂是在线教育的产物，教育技术是为教育服务的。

（二）刘雍潜（中国教育技术协会秘书长）：

中国教育信息化将会带来一定的利益，满足教师、学生的愿望，满足学校的需求，真正能够实现宽带网络校校通，优质资源班班通，学习空间人人通。

（三）祝智庭（华东师范大学教授，教育部教育信息化技术标准委员会主任）：

传统的教育方式多为知识遗传型，即教师用从其老师身上沿袭下来的教学方法给学生灌输知识。在网络如此发达的今天，这种教学方法对学生们越来越不受用。采用翻转课堂教学模式，让学生课前在网上观看微课，这样教师就可以在课堂上与学生面对面集中答疑和讨论问题。此类线上、线下学习活动相结合的混合式学习是值得大力推广的。

（四）李志民（教育部科技发展中心主任）：

黑板加粉笔的教育模式将成为过去，互联网将给大学教育带来深度的变革。接受知识将更多地从课外的渠道获取，而课堂将成为学习和讨论的地方。从精品课程到网络公开课，学生不但可以通过在线学习获得知识，更可以检验自己学习和掌握知识的程度和效果。

（五）李晓明（北京大学教授）：

翻转课堂把知识的学习从原来的"课堂内到课堂外"转变为"课堂外到课堂内"，从"讲授主导的学习"变为"研讨提升的学习"。它不是演示，不是示范，不是橱窗，是常规，是普通，是店堂，是大学课程的开放之举，可以满足更多人学习的愿望。

我们现在的优质教育资源并没有充分利用，潜力巨大。一旦一门课上的学生成规模，学生之间的互动就会发挥重要作用。对于翻转课堂，未来哪个学校活跃的多，这个学校就有影响；哪个国家活跃的多，这个国家的高等教育就有影响。

（六）杨延东（渤海大学党委副书记、校长）：

学校实践翻转课堂的目的就是把学生从传统的灌输式课堂中解放出来，通过翻转课堂实现教学上的"转体、转型、转法"，使教学活动有益于学生综合素质的提高，以学生为中心，让学生不仅收获知识，更要学会应用知识，提高实践动手能力。

十七、基础教育阶段的学校实践翻转课堂面临的主要挑战有哪些？

（一）学校教学安排方面

实践翻转课堂需要学生在课前进行知识的自主学习，因而需要学校在教学时间安排上予以支持。

在翻转课堂中，教师应该让学生有充足的时间观看微课自主学习。对于非寄宿制学校，学生在课后的主要学习任务是观看微课自主学习并进行针对性检测。对于寄宿制学校，在晚自习期间教师也不要讲课，而是让学生在自习课完成翻转课堂的自主学习环节。山东省昌乐一中通过设置“AB 型”课程模式较好地解决了这方面的问题。

（二）学科适用性方面

目前，国外开展翻转课堂教学实验的学科多为理科类课程。理科类课程知识点相对明确，很多教学内容只需要清楚地讲授一个概念、一个公式、一道例题或者一个实验即可，其学科特点便于翻转课堂的实践。而文科类课程，如思想政治、历史、语文等，在授课过程中往往会涉及多学科的内容，而且需要教师与学生进行思想上的交流、情感上的沟通才能起到良好的教学效果。那么，如何在文科类课程的教学中应用翻转课堂模式？我们通过一位高中语文教师的一个课例，来管窥一下文科类课程“翻转”的适用性问题。

在诗歌《虞美人》的鉴赏课中，该教师收集了影视作品中的视频片段、名家朗读音频以及同时期李煜的一些其他作品制作成了微课。在微课设置的课前任务，初始，要求学生诵读，把握词的节奏，并初步体会词作抒发的情感；继而，让学生听微课中的名家朗读，并要求：（1）正音断句，揣摩语气，把握节奏，体会情感。（2）跟名家朗读，模拟语气，把握情感，有感情地朗读。然后，让学生“整体感知，找出诗词的意象,并体会这些意象所潜藏的情感”。最后设置了一个问题：“王国维说：‘后主之词，真所谓以血书者也。’请从词中选择自己喜欢的一句话进行赏析。”整节课的亮点在于微课的高质量和问题的层层深入。微课中穿插了视频片段、背景音乐、名家诵读音频等，这些元素给学生营造了一种“身临其境”的感觉，调动了学生的学习兴趣，能引导学生深入学习；同时，问题的设置层层深入，推动了学生的思考和讨论，使之进一步加深了对诗歌的理解，最终提高了学生的整体感知能力。

可以看出,高质量的微课能够在很大程度上推动文科类课程的“翻转”，并收到良好的教学效果。

（三）信息技术环境的支持方面

翻转课堂的实践中，微课的制作、发布与在线呈现，学生的在线检测与反馈、在线讨论、协作化学习，网络资源的获取等，好多环节都离不开信息技术环境的支持。而目前国内众多学校在信息技术环境构建方面都存在着这样那样的“外伤”和“内伤”。

“外伤”方面，网速慢是制约众多学校开展网络教学的因素之一。实践翻转课堂时，众多环节时时考验着学校的网速和服务器承载能力。网速慢就会使翻转课堂的效果大打折扣。学校要通过各种途径解决这一问题。

网络教学平台的建设和维护是实践翻转课堂的另外一个影响因素。没有平台，微课的发布与在线呈现、在线检测及反馈、“大数据”的积累等就无从谈起。

另外，学生在课后是需要通过电脑和网络进行学习的。对于一些缺乏硬件条件的学生，学校应该提供相应的设备支持，例如，学校机房应在课余时间内对学生开放。

“内伤”主要指微课的质量方面。翻转课堂的前置任务要靠高质量的微课来支撑，如果微课质量差，则会直接影响学生的学习效果。微课从前期的录制到后期的制作与剪辑需要专业技术支持，不同学科的微课也应当有不同的风格。这也是实践翻转课堂面临的一个很大的挑战。学校应当通过培训，迅速提升教师的信息素养，让教师能够制作出高质量的微课。

（四）教师的专业能力方面

在翻转课堂的推进中，教师占据着重要的地位。尽管教师在课堂上不再花大量时间进行知识的讲授，但是，微课的制作、学生的课堂学习活动的设计、与学生之间的互动交流、课堂节奏的掌控等对教师提出了更高的专业能力要求。

（五）学生自主学习能力与信息素养方面

翻转课堂中，学生只有具备较高的自主学习能力，才能够借助观看微课按照自己的节奏进行课程内容的学习，在学习中发现疑问，提出问题，然后在课堂上与老师、同学进行讨论，才能够合理地安排自己的学习时间；只有具备较高的信息素养，才能通过网络查找资料、进行资源检索，通过网络教学平台与老师、同学进行沟通交流。因此，在实践翻转课堂的过程中，要注重学生的自主学习能力的培养和信息素养的提升。

（六）教学评价方式方面

由于翻转课堂涉及学生的合作能力、组织能力、个人时间管理能力、表达能力等多个方面，因而单纯以纸质笔试的传统测试方式是无法测试出学生在翻转课堂中的全部学习效果的。这就要求学校和教师转变评价方式，注重对学生的学习过程以及情感、态度和价值观等方面的评价，需要学校在对教师的考核机制等方面给予相应的支持。

十八、翻转课堂对教师的专业能力提出了哪些新要求？

教师的专业能力是一个非常复杂的多层次、多维度、多因素构成的综合体。研究者们各自从不同的角度提出的教师专业能力的内涵和结构可能各不相同。但多数学者认为，教师专业能力应划分为教学能力、交往能力、课程评价能力、科研能力四个方面。翻转课堂对以上四种教师专业能力提出了新的要求。

（一）教学能力

翻转课堂需要教师进行分析教学目标、制作微课、设计学案（学习任务单）等工作。教师要投入大量的时间去分析教学内容及学生自身特征，衡量教学内容是否适合采用翻转教学形式。如果适合，教师对教材的把握要有一定的深度，才能根据多维学习目标对教材内容加以分析提炼，设计成便于学生学习的 5~8 分钟的微课。

翻转课堂中的微课最好是教师为自己的学生量身定做的。要针对学生的特点来制作微课，微课的形式要多样，内容要突出重点、精练，教师的语言要幽默风趣等等，从而对学生产生吸引力。这些都对教师教学技术方面的能力提出了较高的要求。

翻转课堂的另一重要组成部分就是课堂活动。课堂上以学生活动为主，课堂活跃程度要高。要求教师很好地设计和组织丰富的课堂活动，丰富学生的“实战”经验，并掌控课堂秩序。可以说，翻转课堂的走向如何完全取决于教师的视野开阔性，这样的课堂里教师需要具备较高水平的课堂组织与管理能力。

（二）交往能力

传统的课堂教学中教师主宰着课堂，师生之间的交流是建立在师生地位不平等的基础上的。这样的交流方式在一定程度上阻碍着师生之间和谐关系的发展。翻转课堂则为师生关系建立了一种和谐平等的保障。在翻转课堂中，教师的角色比以前更重要了：教师要根据学生的课前学习情况及网络教学平台上反馈的问题，进行疑难解答或师生共同探讨；要与学生互动，鼓励和督促他们，并且参与他们的学习；要开展“一对一”辅导或组织小组学习活动。与传统课堂相比，教师与学生的交流、平等交往的时间增多，并且这种交往形式构成了课堂的主要部分。这就要求教师提升与学生交往的能力。由于交往对象是学生，教师的语言、动作、交流方式都要符合学生的年龄特点和学习阶段，要求交往得和谐、融洽。

（三）课程评价能力

课程评价是依据一定的课程目标对课程效果做出价值判断的过程。通过课程评价的反馈信息，可以调控课程内容、教学方式、教学活动、教学时间安排，激励学生的学习和教师的教学，帮助教师改进自己的教学，促进学生对知识的掌握。翻转课堂经过课前传递知识和课上吸收内化知识的两个过程，评价尤为重要。教师应当主要通过形成性评价、诊断性评价及档案评价等，判断学生对知识的掌握情况及接受能力等，针对评价结果及时给予学生一些补救措施，例如让学生重新观看教学视频、查找相关资料进行补充；同时，要汲取经验，调整完善下一次翻转教学的实践。教师要熟悉并熟练运用不同的课程评价模式，并在此基础上实践、探索适用于翻转课堂的课程评价方式，以充分体现翻转课堂的优势。

（四）科研能力

培养教师敏锐的科研意识，不断提升教师的教学科研能力，不仅是实现教师职业专业化的需求，也是翻转课堂的基本要求。翻转课堂作为一种“舶来品”，是一种有着较高技术含量的教学模式，与传统课堂区别较大。“舶来品”大多不会完全适应于我国本土情况，要使其扎根中国，我们要去粗取精，加以改造；要在实践中找到适合我国教育教学情况的翻转课堂。这就要大部分依靠一线的翻转课堂实践者——教师的科研能力。理论和实践是相辅相成的，缺一不可。丰富的理论根基能够更好地指导实践，实践能够更好地给予理论以补充和完善。

十九、对于翻转课堂，人们有哪些常见的误区？

对于翻转课堂，人们的常见误区有：

（一）认为翻转课堂是在线课程。前面已经对翻转课堂与慕课作过辨析。

（二）认为翻转课堂是在线视频的代名词。人们一听说翻转课堂，往往第一个念头就是在线视频。其实，富有成效的面对面互动学习活动及其引发的深度思考才是翻转课堂最重要的价值。

（三）认为翻转课堂用视频替代教师。学习既是一种自我完善的过程，也是一种社会交往过程，自主学习不是唯一的学习方式。

（四）认为翻转课堂中学生没有教师指导。如前所述，翻转课堂是混合式学习，既有学生的自主学习的过程，也有师生面对面交流的过程。

（五）认为翻转课堂就是学生整堂课都在看微课。微课是时间不超过 10 分钟的教学微视频，学生观看微课并思考的时间一般不超过 15 分钟。而一节课时长一般为 40 或 45 分钟，学生大约只用 1/3 的时间看微课。所以，家长也不用担心孩子会长时间对着屏幕学习而造成视力下降的问题。

（六）认为翻转课堂就是学生孤立地学习。翻转课堂教学模式中，在线上，学生可以与同伴和教师进行交流；在线下课堂上，可以开展面对面的协作学习：翻转课堂中学生并不缺少反而有更多交流互动的机会。

二十、翻转课堂的四大支柱“F-L-I-P”是指什么?

FLN（Flipped Learning Network，翻转学习网络）于 2014 年 3 月 12 日给出了“翻转课堂”的定义：“翻转课堂是一种教学方法。这种教学方法将直接教学的行为从小组学习空间转移到了私人学习空间，而小组讨论空间变成一个动态的、互动的学习场所。在这个场所，学员们将概念应用于实践，更加积极主动地参与课堂主题，而教师的角色是指导者。”同时，FLN 提出了翻转课堂的四大支柱“F-L-I-P”。

F——灵活的教学环境（Flexible Environment）

教师可以创建一种灵活的教学环境，学生可以随意选择自己在什么时间、什么地点学习。此外，对学生完成依据资料学习的时间及学习结果评估的时间也应该灵活规定。

L——学习文化（Learning Culture）

翻转课堂将教学转变为一种以学生为中心的学习方式，在课堂上，学生对课题进行深入探讨，创造更多的学习机会。学生积极参与知识的建构，切身参与了知识的学习及评估，这对他们来说很有意义。

I——精心编辑的课程内容（Intentional Content）

教师不断思索如何利用翻转课堂教学模式帮助学生提高概念理解能力。他们精心设计课程内容，将课堂时间最大化利用，采取以学生为中心的、让学生主动学习的策略。

P——专业的教师（Professional Educator）

专业的教师对学生进行持续观察，及时对他们的问题给予反馈，对学习进程进行评估。专业的教师在教学实践中能够及时提供反馈，与其他教师沟通，改善教学方法，能够接受建设性批评建议，同时也能够忍受教室内一定程度的混乱。

FLN对翻转课堂进行定义，提出四大支柱的理念，主旨是帮助管理者及教师对翻转课堂的真正含义有更好的理解。翻转课堂不可能在一夜之间发生，它需要教师们的认可、合作及奉献。

二十一、翻转课堂在提升教学效果方面有哪些优势？

综合国内外的翻转课堂实践，我们可以总结出翻转课堂在提升教学效果方面的优势如下：

（一）翻转课堂方便补救教学

由于翻转课堂借助微课教学，从而使得那些因事缺课的学生，能够及时地进行提前学习或者事后补习。例如，有的学生可能会由于参加学生会工作、训练、比赛、演出等没办法全勤上课，有的学生可能因患疾病不能继续在校坚持学习，他们错过的课程内容需要补习。显然，翻转课堂的灵活性能够解决这些问题。

（二）翻转课堂实现了个性化教学

不同学生的学习兴趣和能力不同。这要求我们进行分层教学。但传统课堂中，教师往往会照顾大部分学生而忽略了学困生，使得学困生跟不上讲解的进度，无法真正进行分层教学。翻转课堂则承认了学生的不同，有效体现了学生学习的差异性，在一定程度上解决了“优秀生吃不饱，学困生学不会”的现象。最方便学困生的是能够借助微课学习，对于听不懂的地方可以暂停、回放、重放等，直到听懂为止。而课堂上，教师的时间被释放，可辅导每一个有需求的学生，并且往往大部分时间围着学习有困难的学生转，真正实现了个性化教学和分层教学。

（三）翻转课堂增加了互动性

翻转课堂中，教师比以往有更多的时间与学生互动。教师可与学生进行“一对一”的交流，也可以把有疑惑的学生聚集在一起给予小型讲座或演示。与此同时，学生之间的互动也比以前多得多。在教师忙于与某部分学生对话的同时，其他学生可通过小组互助进行协作学习，而不是单纯依靠教师获取知识，从而增加了学习的互动性。

（四）翻转课堂让教师更加了解学生

翻转课堂让教师有更多的时间与学生在一起，因此能更好地了解学生，更清楚地知道谁学习有困难，谁能迅速掌握学习内容并可从一些额外的挑战性工作中受益，还能进一步了解学生的生活，并有机会确认他们需要帮助的点在哪里，或者识别和跟踪他们的潜在问题。

（五）翻转课堂改变了课堂管理

翻转课堂中，教师有更多的时间进行课堂管理，对课堂的驾驭能力也因此进一步得到提高。在传统课堂上，教师必须始终密切注意课堂上的学生动向，比如关注是否有学生调皮捣乱。而在实践翻转课堂后，我们发现许多课堂管理问题消失了：爱捣乱的学生在课堂上的“表演”失去了观众，因为其他同学都在忙于训练、小组协作等学习活动。

二十二、翻转课堂的教学效果如何？

翻转课堂实践的根本的目的是让学生学会学习，学会自我学习、主动学习。在当下社会，学会学习是每个人应该具有的能力。特别是在“互联网+”时代，倘若想学习新技能和新知识，就必须具备较高的学习能力。翻转课堂不仅仅对学生短期的成长产生影响，诸如学习态度的改变，学习习惯的变化，言语表达、协调能力的提高，自我探索发现问题能力的培养等等，对学生长期的学习乃至整个人生的发展也会产生潜移默化的影响。他们在翻转课堂中学到的不仅仅是知识，更重要的是适应未来的学习能力。学习能力提高了，成绩自然会相应提升。

重庆市聚奎中学校的羊老师在一篇文章里以他的亲身经历阐述了这一问题。他写道：

近一年的实践中，我所教的“翻转班”物理积分（聚奎中学考评教学质量的一个数据）和平均分排名均呈明显的上升趋势，从最初的跟对照班差不多，到逐渐地比对照班好。基于这些数据，可以得出翻转课堂教学方式不会对应试成绩产生负面影响的结论。

在学习能力上，我们没有相应的工具进行检测，但我感觉我班的学生自主学习能力有显著的提升。本学年，我因工作安排，常缺课。当我有事缺课时，就提前给我的科代表写出看教材和视频自学以及做课堂作业的计划，并且将作业的答案给科代表，科代表就进行相应的布置和组织。整个教学环节就只剩教师评价和补讲视频中的知识环节不开展。待我回校，根据科代表收集的问题进行集中讲解即可。在今年高考期间，我要组织我校高三年级学生到江津城区参加高考，期间耽误了近一周的课，但同学们按我的计划进度有条不紊地进行学习。

同时，开展翻转教学以后，教师的负担也减轻了。我除了在今年三月份为了规范学生的作业，而改变收和批改作业的操作程序以外，就没有批改过作业。所以虽然在备课、找视频、看视频、再备课上面比传统教学模式多花了时间和精力，但在批改作业方面，我的工作负担又减轻了。

但为什么翻转课堂实验班级开始阶段学科成绩提高幅度不是很大？广东省教育技术中心教研员王奕标对这个问题做过分析，他认为：传统课堂是重复训练的课堂，主要重复训练记忆、动作和速度，对思维训练得比较少。翻转课堂上学生的学习属于探究式学习，训练的是学生的想象力、创造力、交流与合作能力、自主学习能力、语言表达能力、领导力、问题解决能力、媒体应用能力、终生学习能力等，对思维的训练量大。但是传统考试考查的往往是学生的答题速度和熟练程度，对隐性思维考查得较少，从而导致翻转课堂实验班级开始阶段成绩提高不够明显。另外，开始阶段教师、学生需要一个逐步适应的过程，这也会导致在开始看不到翻转课堂明显的效益。但随着翻转课堂的逐步实践，学生的自学能力逐步提高，思维能力逐步提升，成绩一定会较大幅度地提高。更重要的是，教育的最终目的不是为了考试，而是为了人的全面发展。

二十三、翻转课堂是不是削弱了教师在课堂上的作用？

对于这个问题，华东师范大学教授、慕课研究专家吴志宏教授说，微课教学强调的是学生的课前学习和课堂教学的结合，它能够充分发挥现代信息技术的优势，但并没有削弱教师的作用，相反地，对教师提出了更高的要求。

学习前置主要体现在通过观看微课学习上，教师把知识点（一般是重、难点）制作成微课让学生在课前自行观看学习，它的最大好处就是学生在看的时候可以自己掌控节奏，不断地看、反复地看，直至理解为止。每个学生的学习能力和接受能力是不一样的，有的学生对知识接受得快，有的学生则相对来说慢一些。在传统课堂上，教师需要统一教学进度与要求，所以不能兼顾到每一个学生。而用微课的形式呈现重、难点知识讲解，在课前让学生自主学习能很好地弥补这一缺陷，是个性化教学的体现。知识内化阶段学生则带着问题进课堂，开展充分的互动交流；对于学生形成的共性问题，教师要能够给予针对性的解答。教师在学生内化知识的过程中起到的更多是指导者的作用。教师应当将自己更多的时间和精力留给学生，尊重学生在课堂上的主体地位。

因此，翻转课堂不仅没有削弱教师在课堂上的作用，反而对教师的课堂设计能力和课堂组织能力提出了更高的要求。

二十四、从学生的角度看，翻转课堂是否真正解决了因材施教的问题？

传统教育存在搞“一刀切”的弊端,往往忽视了学生学习的差异性，不仅在教学上如此，考试时更是如此。这就导致很多成绩一般的学生只能在班级中“跟着跑”，不能按照自己的学习能力和消化水平制订适合自己的学习计划。

翻转课堂将学习的掌控权交给了学生，学生可以按照自己的节奏来学习，遇到困难可以通过网络寻求帮助或者获得同伴和老师的面对面帮助。教师可以通过一些数据分析了解每个学生的知识掌握情况，并能进行“一对一”的辅导。从理论上讲，翻转课堂能够解决因材施教的问题。

但是我们应该意识到，目前国内学生存在两种较普遍的状况：不擅于提问和主动性不强。这两点会直接导致翻转课堂的效果打折扣。如果不能解决学生学习的主动性问题并培养学生的问题意识，因材施教就不会有牢固的根基。

二十五、从教师的角度看，国内教师是否具备引导学生学习的职业素养？

翻转课堂中很重要的一点，是教师通过引导和答疑来检查学生的学习效果。教师的角色不是淡化了，而是从另一侧面得到了加强。教师要从“主动”变为“被动”，从“主导”变为“引导”，这对其职业素养有着更高的要求。而与学生一样习惯了传统教学模式的教师群体，也很难在短时间内完成自身的转变。教师要想具备引导学生学习的职业素养，需要一个不断接受培训、不断领悟和改变的过程；需要打开心门，海纳百川，站在名师的肩膀上不断学习，迅速适应新形势下的教学。

二十六、从家长的角度看，翻转课堂的教学效果如何衡量？

“望子成龙，望女成凤”是家长们普遍的心愿。受应试教育思想的影响，学生家长对于教育的关注，往往直接体现在“分数”上。翻转课堂在信息技术的支撑下，对学生的学习成果有了更直观的评价：可以通过网络教学平台记录的学生的学习痕迹，分析评估学生的学习过程。翻转课堂以实现学生的个性化学习为目标，开拓了学生的思维，提升了学生的自主学习能力和学习效率，这些都是学生进步的一部分。因此，家长要关注学生的学习过程，关注学生学习方式的改变。教师可以请家长通过观摩学生的学习过程，对学生的学习进行横向和纵向的比较，感受学生发生的改变。当然，在这样的教学环境下，学生的学习成绩也一定会有更大的进步。

二十七、不同学科开展翻转课堂教学可能存在哪些不同之处？

学科不同，翻转课堂教学模式就可能不同，毕竟不同的学科有不同的特点，甚至同一学科针对不同的课型也会有不同的模式。

（一）外语学科

外语属于语言类学科，外语教学更多地侧重于语言运用。实践中针对不同的课型，可以有不同的翻转模式，例如：阅读课，教师考虑较多的是话题的背景和相关知识的拓展，可以把阅读中出现的长难句进行解析。同时，学生的学习水平也不同，因此，教师可以制作不同的微课：对于水平高一点的学生，微课主要针对话题的背景及促进学生深入理解方面；而对于水平相对较低的学生，微课的针对性可以更具体些，讲解得更细致些，例如对重点单词进行讲解，对长难句分析等。而对于语法课，教师可以预先制作好解析语法规则的微课供学生在课前学习，这样可腾出课堂时间让学生做语言运用练习。

（二）数学学科

数学教师可以用微课来帮助学生深入理解数学基本概念。课堂时间则可以进行解题实战演练，让学生通过解题演练和协作学习来深入理解复杂的数学概念。数学翻转课堂可以演变成发展计算思维、连通和探究其他 S.T.E.M（科学、技术、工程和数学）学科的实验室。

（三）自然科学学科

地理具有自然科学和社会科学的双重性质，物理、化学、生物则主要属于自然科学。对于自然科学课，教师要留出更多的时间、创造更多的机会在课堂上开展探究式学习。山东省昌乐一中翻转课堂初期的模式是学生在课前观看教师制作的微课，课堂上开展探究式学习活动和进行更深入的科学实验。现在的模式则是利用 POGIL（面向过程的引导式探究学习），在探究活动中帮助学生理解概念。由于 POGIL 活动已经替代了微课视频所起到的作用，很多情况下已经没必要制作直接讲解的微课。但是微课仍然可被一些学生作为补救资源加以利用。

（四）社会科学学科、语文学科

地理的人文部分和政治、历史属于社会科学，语文在知识的呈现方式上与社会科学学科相似。社会科学学科教师在实践翻转课堂后，有了额外的时间，可在课前制作微课，讲解重、难点知识；课堂上则有更多的时间组织学生进行辩论、演讲、模拟情境等，让学生学习得更深入。对于语文写作课，教师可以在微课中对原始文本进行深入分析解读，课堂则将充裕的时间留给学生思考创作，学生甚至有时间通过小组评议来分析和讨论各自的写作。

（五）体育学科

对于体育学科，很多人可能会认为没有开展翻转课堂的必要。而在实践中，很多体育教师对翻转课堂情有独钟，他们把传统课堂中需要反反复复讲解的比赛规则或技术动作示范制作成微课，让学生提前观看，这样到了体育课课堂上，学生一到操场就能迅速动起来了，收到了事半功倍的效果。

（六）基于项目的学习

翻转课堂与基于项目的学习（PBL）也能结合起来。PBL 是由兴趣和问题驱动学生去发现探索现实世界的学习方式。不过这个过程需要他们有相应的知识储备。教师面临的选择是，让全班学生先坐下来听教师讲解，还是制作微课让有需要的学生随时观看和学习？如果选择后者，那么水平较高的学生可以直接开始他们的学习项目，而准备不足的学生可以按需学习。

二十八、农村学校硬件设施往往比较落后，如何“翻转”呢？

农村经济发展水平相对落后。一般学校没有自己的网络教学平台，教师的信息技术水平也不是很高，但也可以因陋就简进行课堂的翻转。翻转课堂翻转的关键不在于形式，而在于理念，即树立学生是学习的主人的理念，形式是建立在理念基础之上的。但是，形式是理念的外在表现形式，因此建立基本的形式很有必要。为此，学校首先要做好学生家长的思想工作，获得家长的支持。例如针对购买平板电脑的问题，教师可以利用节假日等时间给每一位家长解答疑惑，讲解翻转课堂的教学理念，但要始终坚持一个原则：家长自愿购买，不强制。如果的确不能做到学生人手一部平板电脑，也可以暂时利用学校的微机教室开展教学。其次，要取得社会和上级主管部门的支持，可以采取课题研究的方式，向主管部门提交报告，从正常途径开始学校的实验探索之路。同时，欢迎并邀请相关媒体跟踪报道以督促学校的实验进展。再次，要向有经验的学校取经，在学习他人经验的基础上追求自身的进步,尽快取得令人信服的成果。最后,实践翻转课堂一段时间后,学校可以邀请家长和主管部门走进学校，走进教室，观察教师是如何上课的，学生又是如何学习的，以实效赢得信任，为自己的继续前行拓展空间。

二十九、非寄宿制学校要实践翻转课堂，可以采取哪些有效的推动措施?

非寄宿制学校实践翻转课堂，更需要学生家长的支持与配合。尤其是在翻转初期，学生在家进行自主学习，缺乏教师的指导和同伴的面对面帮助，这时候需要家长多投入一些，多给孩子一些指导和帮助。可以以班级为单位建立家长 QQ 群或者微信群，以便家长之间、家长和教师之间交流学生在家自学中遇到的问题，探讨解决方式以及怎样更好地指导学生在家开展自学等。

在翻转课堂实践过程中，家校沟通是非常必要的。学校要向家长传递翻转课堂的教育理念，说明实践翻转课堂的目的所在，获得家长们的理解和支持；可以召开家长会，向其介绍翻转课堂的优势，请家长到实验班课堂上观摩学生的精彩表现并发表看法；说明需要家长配合的工作等。

三十、一所学校在翻转课堂实践初期，应该注意哪些问题?

最好所有学科都尝试翻转，这样学科之间的教师可以针对一些共性问题进行交流，也便于学校进行统一管理和调度。可以设置实验班和对照班，统计数据并对比分析翻转课堂教学效果。每个学科最好至少有两名教师参与实验，这样方便对学科问题进行讨论，遇到实践瓶颈也可以相互鼓励并协商解决，毕竟个人的力量是有限的，而团队的力量是巨大的。倘若一所学校只有几名教师在进行翻转课堂实验，那么他们可以组成翻转课堂研究小组，大家互相鼓励、积极探讨，在团队的带动下克服困难；学校在“点”实验的基础上获得经验后，可以进行大面积的推广。

三十一、小学阶段实践翻转课堂合适吗？又该怎样“翻转”呢？

在小学阶段，可以将翻转课堂的教育理念渗透在教学中。由于小学低年级学生自学能力的层次较低，因此还要通过教师引导进行学习。小学 1~3 年级可以采用微课辅助教学的形式，所制作的微课也不一定用于讲解知识点，可以以拓展学生视野、培养学习兴趣为主；而小学高年级的学生意志力逐渐增强，自主学习能力也逐渐具备，故 4~6 年级可以实践翻转课堂。此外，在自学能力、自我调控能力、时间管理能力等方面，小学生所处的水平不如初、高中学生，因此，相比初、高中，小学阶段实践翻转课堂，教师要在学生自学阶段和协作学习活动中，多一些引导和点拨，在学习资源的选取与制作上要注重趣味性。

三十二、要通过翻转课堂促进课堂教学改革向纵深处发展，教师需要做好哪些准备？

第一，要树立教学变革的坚定信念。在传统教学模式下，在以中、高考成绩为衡量标准的评价体系下，很多教师在“分数至上”“升学率至上”的教育环境中，已经锤炼出了一整套的“看家本领”，形成了相对固定的教学范式和习惯。实践翻转课堂，教师必然要打破自己和教育环境之间的那种“平衡态”，让自己处于一个全新的、内心没有确切把握的状态之中。如果没有坚定的改革信念作为支撑，教师通常是不愿意迈出革新的步伐的。

第二，要有较高的教育信息化素养。当今身处“互联网 +”时代的学生，对电子产品和软件有着天生的亲近感，这恰恰是在传统教学模式下成长起来的当今大部分教师所或缺的。而翻转课堂实践中，教师不仅要能上网搜集、处理和加工材料，编写数据表格，制作 PPT 等，还要能制作出质量相对较高的微课，能够熟练地发布微课，及时做好在线反馈，进行“大数据”的积累处理等：这些都要求教师具备较高的教育信息化素养。

第三，要能抓住翻转课堂的关键点。翻转课堂有两个关键点：一是学生借助微课自主学习理解知识的过程，二是学生内化知识提升认知水平的过程。第一个过程，需要短小精悍的微课作为支撑，这需要教师选准知识点，进行问题设计，然后采用学生易于接受的方式呈现出来（制作成微课）。第二个过程中学生要在课堂上进行对话和讨论，需要教师做精心的准备和细致的观察，真正做到因材施教。翻转课堂的课堂讨论等活动能够带来学生内化知识过程的效益提升。

第四，做好角色转换。首先，教师的角色要从传统的施教者转变成学生学习的促进者、指导者；其次，翻转课堂更加突出学生学习的主体性和主动性，要求学生主动思考、主动操作，如果学生没有一定的主动性，翻转课堂的学习活动无法正常进行；再次，家长要抛开传统教育思想的束缚，接受新型教学模式，学校和教师要做好对翻转课堂的宣传工作，让家长也能够理解并认可新型教学模式和教育理念，从而为学生营造良好的学习环境和氛围。

FLIPPED CLASS MODEL

第二章

模式篇

三十三、什么是教学模式？翻转课堂需要一定的教学模式吗？

教学模式一词最初是由美国学者乔伊斯和韦尔等人提出的。他们认为“教学模式是构成课程和作业、选择教材、提示教师活动的一种范式或计划”。实际上，教学模式并不是一种计划，因为计划往往显得太具体，太具操作性，从而失去了理论色彩。

国内关于教学模式的定义概括起来有这样几种观点：第一种观点可称为“理论说”，认为“教学模式是在教学实践中形成的一种设计和组织教学的理论，这种教学理论是以简化的形式表达出来的”；第二种观点可称为“结构说”，认为“教学模式是在一定教学思想或理论指导下建立起来的各类教学活动的基本结构或框架”；第三种观点可称为“程序说”，认为“教学模式是在一定教学思想指导下建立起来的、完成所提出的教学任务的、比较稳固的教学程序及其实施方法的策略体系”；第四种观点可称为“方法说”，认为“常规的教学方法俗称小方法，教学模式俗称大方法，它不仅是一种教学手段，而且是从教学原理、教学内容、教学目标和任务、教学过程直至教学组织形式的整体、系统的操作样式，这种操作样式是加以理论化的”。

通过对以上各种有关教学模式的观点的反思，我们认为，教学模式是指建立在一定的教学思想或教学理论依据之上，为实现特定的教学目的，将教学的诸要素以特定的方式组合成具有相对稳定且简明的教学结构理论框架，并具有可操作程序的教学模型。简单地说，教学模式是在一定的教学思想或教学理论指导下建立起来的较为稳定的教学活动结构框架和活动程序。教学模式通常包括五个因素：理论依据、教学目标、操作程序、实现条件、教学评价。这五个因素之间有规律地联系着，综合构成了教学模式。

教学模式不同于常规的教学方法。教学方法是教师和学生为了实现共同的教学目标，完成共同的教学任务，在教学过程中运用的方式和手段的总称。在同一教学模式下，不同的学科、不同的教师应当有自己的个性化教学方法，不能把教学模式和教学方法混为一谈。乔伊斯和韦尔把众多教学模式归纳为四种基本类型：第一类是信息加工教学模式，第二类是个性教学模式，第三类是合作教学模式，第四类是行为控制教学模式。而我国常用的教学方法包括：讲授法、谈话法、讨论法、演示法、练习法、实验法、强化法等。

教学模式具有两个明显的功能：

（一）理论与实践连接的桥梁。教学模式是一种设计和组织教学的理论，它将教学方法、教学组织形式、教学手段等组合在一起，并从时间和空间上阐明它们之间的关系，从而使人们在教学理论与教学实践之间找到中介，促使人们对教学过程的诸要素、诸环节进行重新审视，突破原有的教学理论框架，探索新的教学理论体系。

（二）教师和学生操作的路径。教学模式所提供的教学程序都是便于人们理解、把握和运用的。这是教学模式区别于一般教学理论的重要特点。教学模式之所以具有可操作性，是因为：一方面，教学模式总是从某一特定角度、立场来揭示教学的规律，比较接近教学实际而易被人们理解和操作；另一方面，教学模式的产生不是为了空洞的思辨，而是为了让人们去掌握和运用，因此它有系统的操作要求和一套基本程序。教学模式的可操作性特点，使得教学模式可以被传授和学习，示范和模仿，使得教学模式的运用成为一种技术、技能和技巧，从而被教师用来完成教学任务，获得预期的效果。

翻转课堂作为一种新兴的教学模式，更应该为教师和学生提供切实可行的路径。在课堂翻转之初，师生处于懵懂之际，如何继承已有的课堂改革经验？如何合理使用网络教学平台？如何高效使用平板电脑等学习终端设备？……这些问题都需要基本的规范和指导。因此，建立基本的教学模式是最务实的措施。随着对翻转课堂研究的深入，各学科教师可以基于学科特点和自己的授课风格，完善、丰富翻转课堂教学模式，百花齐放。

三十四、国外翻转课堂教学模式是怎样的？

由于翻转课堂起源于美国，因此，国外的翻转课堂教学模式也主要形成于美国本土，涉及小学、中学和大学各个学段。

（一）林地公园高中模式

美国林地公园高中率先创立了经典的 K12 学校翻转课堂教学模式：把观看在线教学视频作为家庭作业，把本该是家庭作业的练习题放到课堂上完成。当发现部分学生没有电脑或无法上网时，他们为这部分学生准备了 DVD 光盘，让学生回家在电视机上观看教学视频。而课堂上除了练习外，还加入了探究活动和实验室任务。

（二）河畔联合学区模式

美国加州河畔联合学区的翻转课堂最大的特点是采用了数字化互动教材。这套用于实验的代数 I 的互动教材，融合了丰富的多媒体资料（包括文本、图片、3D 动画和视频等）以及笔记、交流与分享功能。与其他地区教师通过自备教学视频等教学材料实践翻转课堂相比，互动教材更节省教师的时间，更吸引学生沉浸其中。

（三）哈佛大学模式

埃里克·马祖尔博士提出并实践了翻转课堂和同伴教学法相结合的模式。其要点是：课前学生看视频、听播客、阅读文章，调动自己原有的知识来思考问题、做准备；然后学生要反映出知识学习过程中遇到的问题，提出不懂的地方；接下来，学生登录社交网站，发布他们的提问。而教师则要对各种问题进行组织整理，有针对性地开发教学设计和课堂学习材料，不处理学生已经明白的内容。在课堂上，教师采用苏格拉底式教学法教学，学生提出质疑和难点，并相互协作共同回答同伴的质疑或帮助同伴解决难题，教师则聆听对话，并为有需要的个人和小组提供帮助。

（四）斯坦福大学模式

斯坦福大学的相关研究人员通过进行翻转课堂实验发现，仅仅把讲座视频“搬”到网上就跟传统课堂一样乏味。因此，他们给在线讲座系统设计了一个平均每隔 15 分钟就弹出一个小测验的功能，以及时检验学生掌握知识的情况。此外，还在实验中增加了社交媒体的元素，允许学生之间互相提问。结果显示，在实验中，学生们互相问答的速度非常快，这种“共同学习”的模式非常有效。

（五）艾尔蒙湖小学模式

艾尔蒙湖小学，一所位于斯蒂尔沃农村地区的学校。该校教师于 2011 年暑期接受了翻转课堂的相关培训，并于 2011 年 9 月至 2012 年 1 月间实践了翻转式教学。该校的翻转课堂特色在于教师能很好地将 Moodle 平台应用到教学中，使得翻转教学活动能在学生、教师的课余时间内顺利地进行，实现了生生之间、师生之间的良好互动交流。

在小学 5 年级的数学课中，学校为学生配备了 iPad 和耳机，并要求学生先观看 10~15 分钟的视频教学，再通过 Moodle 学习管理平台来解答一些理解性问题。学生的回答都将被保存到了 Moodle 平台上，教师在第二天上课之前就可以了解到学生的答题情况，然后设计课堂活动进行教学。此外,教师还鼓励学生在 Moodle 平台上进行协作学习，开展同学之间的互助讨论，促进学习共同体的形成。

（六）可汗学院模式

可汗学院与美国加州洛斯拉图斯学区合作，利用其广受欢迎的教学视频和其开发的课堂练习系统进行翻转课堂实验。其最大的亮点是：课堂练习系统能快速捕捉到学生被问题卡住的点，教师能及时施以援手；同时引入了游戏化学习机制，对学业表现好的学生给予徽章奖励。可汗学院特别推崇掌握学习法，把它作为教学模式的重要依据。他们认为，学习的常量应该是学生对知识和概念的高水平理解，不是传统教育制度下的时间；学习的变量是学生为理解问题所花费的时间，而不是传统意义上对概念理解的程度。因此，可汗学院的每节课不是按照时间来划分的，而是根据理解程度和成绩来确定的。

表 2 传统课堂与翻转课堂常、变量比较

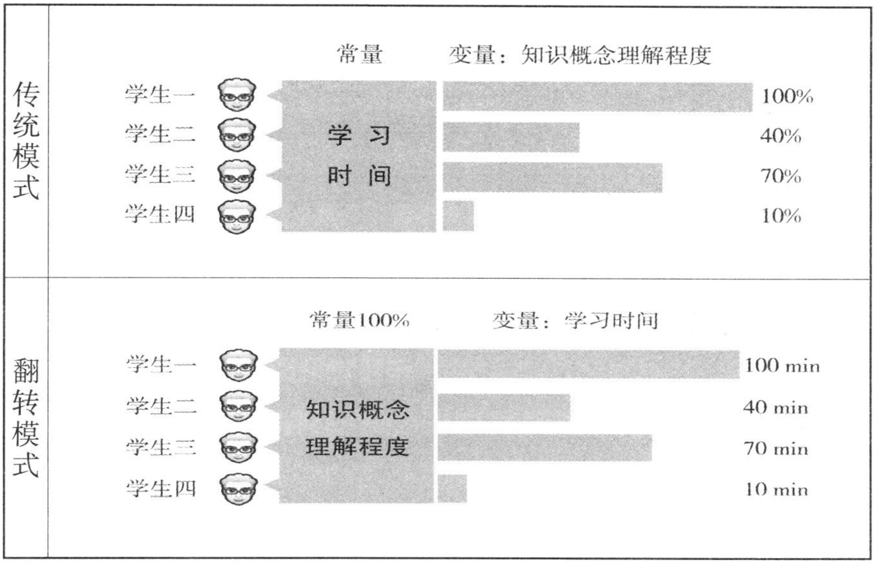

（七）克林顿戴尔（Clintondale）高中模式

2010 年，为了帮助学习成绩较差的学生，克林顿戴尔高中的教师采用了翻转课堂这一新的教学模式，针对 140 名学生进行了教学改革实验。教师利用 TechSmith 公司的 Camtasia Relay（一款录屏软件）将课堂中需要讲授的内容制作成视频，让学生在家观看视频、记笔记并记下所遇到的问题；在课堂上，教师会讲授多数学生仍然存疑的概念，并用大部分时间辅导学生练习，反馈学生在作业中出现的有关问题。学校还为部分学生解决了上网难的问题，将学校机房对学生开放的课余时间延长了一个小时；在特殊情况下，还允许学生使用智能手机观看视频。教师则采用个人访谈的方法和个性化评估工具对学生的学习效果进行评价，努力为他们创造个性化学习环境。经过一个学期的学习，实验班学生的学业成绩得到了大幅提高。在 140 名学生中，各门功课的不及格率分别降低为：英语语言艺术 33%、数学 31%、科学 22%、社会研究 19%（原先一直在 50% 以上）。此外，学生的挫败感也逐渐减弱，自信心则日益增强，违纪事件也大幅减少。两年后，校长格雷格·格林大胆地在全校范围内推广了翻转课堂。这所曾是底特律郊区声誉最差的学校发生了巨大的变化，更多的后进生通过了州标准化考试。

国外的翻转课堂教学模式还有很多，以上七例是发生在美国本土的。从上面的各种教学模式来看，各个学校或者各个区域都立足于本地的实际，遵循一定的教学原理，运用一定的教学技术，架构适合自己特点的教学模式，真切反映了“教无定法，贵在得法”的教学原则。中国的国情与美国不同，例如在信息化技术普及的程度、学生的学习习惯等方面中国与美国的差别可能较大，因此，在学习国外先进经验的时候必须采取扬弃的态度，结合本校实际完成本土化改造，以免造成“水土不服”的后果。

三十五、国内目前具有代表性的翻转课堂教学模式是怎样的?

我国的翻转课堂教学从 2011 年进入实践操作阶段。在教育信息化浪潮的推动下，翻转课堂近年来逐渐漫卷全国，在许多学校落地生根，也诞生了众多教学模式。其中，影响较大的是重庆市聚奎中学校的“课前四步骤，课中五环节”模式和山东省昌乐一中的“二段四步十环节”模式。

（一）重庆市聚奎中学校模式

2011 年以来，重庆市聚奎中学校借鉴美国最新的翻转课堂教学模式，率先在国内开展了翻转课堂实践研究，成为翻转课堂“第一校”。重庆市聚奎中学校借鉴了美国翻转课堂实践经验，结合本校原有的“541”高效课堂模式，探索出了适合重庆市聚奎中学校实际的“课前四步骤，课中五环节”翻转课堂教学模式。

课前：教师集体备课，制作学案，然后由学科组教师代表录制 10 ~ 15 分钟的教学精讲视频（微课）。学生们在独立预习教材的基础上，用平板电脑观看微课，完成学案的相关内容。之后，学生做预习检测题，并立即对答题情况进行评判反馈。教师及时了解学生的学习情况，调整课堂教学进度、难度，制订个别辅导计划，增强课堂教学的针对性。

课中：学生在课堂上先独立做作业，对于难题则通过小组成员之间、师生之间的讨论、协作予以解决。教师巡视课堂，给学生以必要的个别指导。随后，学生完成其他资料上的相关练习，通过查阅答案详解或观看教师的习题评析微课，自主纠错，巩固所学知识，反思总结。

重庆市聚奎中学校在推进翻转课堂实践的过程中，不断发现问题，问题主要涉及硬件设施、教学、管理和学科建设等方面。他们对存在的问题积极应对，主要采取了以下措施进行解决：

表 3 重庆市聚奎中学校翻转课堂实施存在问题及解决措施

存在的问题		解决措施
问题类型	具体问题	
普遍性问题	网速太慢、下载文件费时	配置新服务器
	平板电脑电容量太小	学生自购外置电池
	没有在线练习	搭建网络教学平台
	微课内有杂音	创造安静的录制环境
	长时观看微课对学生的视力、听力有潜在损害	降低视频亮度，减小外放声音，严控视频观看时长（每节课不超过 15 分钟）
教学问题	除英语外，其余学科微课声音太小，普通话不标准	适当增加录制音量，可使用四川话
	内容死板，语言单调，过于严肃	注入感情，使语言更具亲和力
	文科类课程学生不知怎样做笔记	对重点知识加标记或语音提醒
	实验教师的拓展不够，没有实现“翻转”	增加对实验教师的培训
	学生没有足够的时间看微课和完成作业	增加自习，晚自习教师不再讲课
管理问题	个别学生下载了非学习内容	把端口封闭，不定期抽检平板电脑

（二）山东省昌乐一中模式

山东省昌乐一中在原有的“学—议—导—练”课堂教学模式和“预习学案 + 课堂学案”的基础上，结合翻转课堂的基本理念，在专家的指导下，经过不断探索和总结，形成了具有自己特色的“二段四步十环节”教学模式（如图 7 所示）:“二段”指学生学习的两个阶段,即“自学质疑”阶段和“训练展示”阶段。“四步”是教师课前备课的四个步骤，即“课时规划”“微课设计”“两案编制”“微课录制”；学生学习的两个阶段又各自分为五个环环相扣的环节，构成“十环节”，自学质疑阶段分为“目标导学”“教材自学”“微课助学”“合作互学”“在线测学”五个环节（后四个环节可以根据学科特点和内容的不同进行顺序的调整）;训练展示阶段分为“疑难突破”“训练展示”“合作提升”“评价点拨”“总结反思”五个环节。

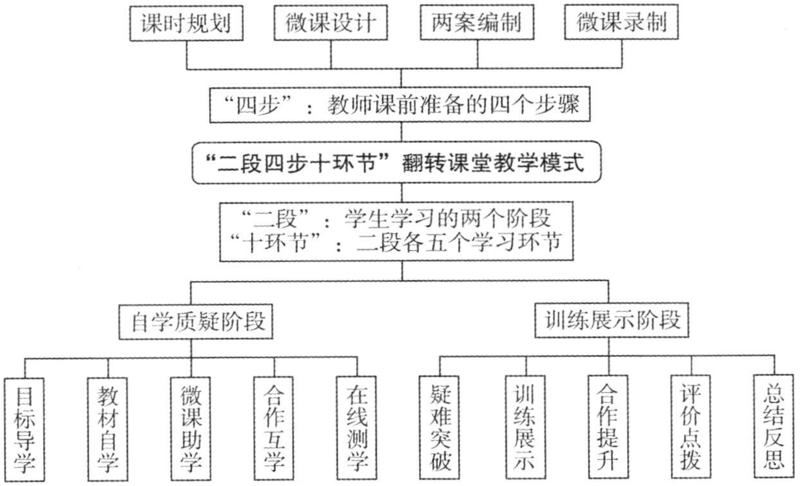

图7　“二段四步十环节”翻转课堂教学模式示意图

1. 自学质疑阶段

（1）“目标导学”环节：由科代表向同学们阐释本节课的学习目标（由教师设计），意在使学生明确学习目标，以便在学习过程中时刻以学习目标为导向。在阐释学习目标时，科代表可以通过提出问题或者设置情境的形式引出学习内容，引发同学们的思考，激发同学们的学习兴趣；也可以通过播放某一相关的视频材料来引出学习内容等（当然,这需要教师精心设计）。学科特点不同,采用的形式也会有差别。

（2）“教材自学”环节：学生根据教材和教师提供的自学质疑学案、微课等学习材料进行自主学习。在这一环节，学生需要根据自身的发展水平和本节课需要掌握的知识难易程度自主规划学习过程、安排学习进度。学习能力较强的学生可以先通读教材，然后完成学案，最后观看微课甚至不用观看微课；学习能力差一些的学生可以先看学案，再在学案上的学习指导和问题的启发下阅读教材，以便获得较为清晰的认识，最后仔细观看微课。

图 8　学生自学教材

（3）“微课助学”环节：学生利用网络教学平台在线观看教师提供的微课，尝试解决在自学中遇到的一部分疑难问题，然后完成“自学质疑学案”中的学习任务。在观看微课的过程中，若遇到不明白的地方，可以暂停下来进行思考，并做相应的记录；遇到已经明白不需要观看的地方，可以快进或跳过以节省时间。学生还可以按需多次重复观看微课。

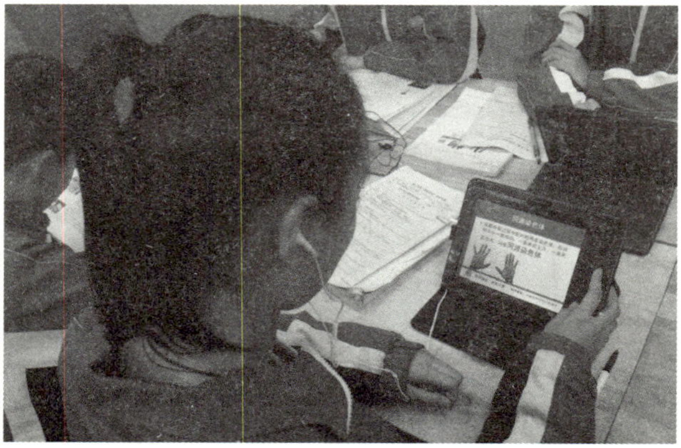

图 9　学生在线观看微课

（4）“合作互学”环节：学习进度快的学生完成上述任务之后，可以再学习教师提供的或者自己准备的其他材料，做到“先行者先习”。待整个小组基本完成学习任务之后，学科小组长组织小组成员进行交流讨论，查缺补漏，解决疑难问题。在交流合作中，大家针对问题发表自己的看法，提出解决思路，同时聆听他人的想法。交流讨论完之后，小组长将本组内仍然存在的疑难问题汇总，通过网络教学平台或纸条提交给老师。

（5）“在线测学”环节：经过以上几个环节的学习，学生需要完成在线测试题，获得即时性学习反馈，教师也可以由此了解学生的自学情况如何。在线测试题要设计合理，要紧扣学习目标来设计，并且最好是与知识点“一对一”，难度不宜过大，以能够检测出学生是否达到基础的学习目标为佳。

2. 训练展示阶段

（1）“疑难突破”环节：是教师引领学生解决疑难问题的重要环节。教师根据前面学生的自主学习情况，有针对性地、有重点地解决学生存在的疑难问题。确定“突破点”的依据主要有四个：教师自己在“自学质疑”阶段观察记录的学生学习中的困惑，通过批阅学案梳理的问题，学生通过网络教学平台和纸条提交的问题，网络教学平台上“在线测学”的后台数据统计反映出来的问题。教师可以针对疑难点设计多种突破方式：有的组织讨论论证，有的深入、系统地讲解，有的结合典型例题进行练习等。

（2）“训练展示”环节：一般由 B 层或者 C 层学生进行“原生态”展示，其他学生自主进行练习，完成“训练展示学案”的学习内容。展示的形式可以多种多样，如口头展示、上讲台板书展示、通过课堂互动系统展示、进行话剧表演或者角色扮演等。“原生态”展示的目的在于让学生真实地展现思考问题的过程，从而暴露出学习中存在的问题或者认知上的错误，以便在“评价点拨”环节使学生从纠错中得到收获，获得深层的理解。进行展示的学生所在学习小组的其他成员，若发现组员展示存在错误，或者有不同的想法，可以进行修改或者做补充说明。

（3）“合作提升”环节：学生在完成“训练展示”环节之后，自觉进入下一个环节的讨论。A 层学生学习速度快，完成训练较早，可以先进行同层学生之间的交流讨论；B 层、C 层学生在完成基本的训练之后，同样可以先同层进行讨论。在分层讨论基本结束后，学科小组长组织带领整个学习小组进行讨论，也可以与其他学习小组进行组间交流。交流讨论的内容主要是学习过程中尚且存在的疑难点或者困惑，由不明白的同学先发问，明白的同学表述自己的理解和看法，帮助不明白的同学解决疑难问题和困惑。在这一环节，教师与学生之间的互动对话增多，学习内容更有针对性，学习效率自然也就更高。

（4）“评价点拨”环节：教师选定其他小组的学生（一般为 A 层或 B 层的学生）对前面学生展示的学习成果进行评价，然后教师对学生的展示和评价进行点拨升华。进行评价的学生要拥有较好的综合素质，不仅要评价对错，还要讲解思路，总结规律，拓展知识。

（5）“总结反思”环节：教师引导学生进行学习总结和反思。总结反思的内容包含知识和方法两个方面。知识方面，可以是学生自己梳理出两个阶段学习的知识脉络，建构起较为系统的知识框架，也可以是回扣学习目标进行自我评价，看看是否已经达成学习目标，还有哪些知识需要在以后的学习中继续巩固和加深理解等等。方法方面，可以是梳理本节课典型题目的解题思路，总结方法，归纳规律，以及反思记录自主学习中应该注意的问题等等。

三十六、国内翻转课堂教学模式有哪些共同点？

（一）信息技术的强力介入

翻转课堂是信息技术高速发展的产物，也必须借助信息技术才能得以实践，我国实践翻转课堂的学校无不基于信息技术的支持。因此，翻转课堂教学模式下，学生应具备基本的信息技术素养，能熟练地使用网络教学平台，利用各种类型的多媒体学习资源。从技术促进教育变革的角度来看，翻转课堂的成功得益于教师运用微课教学等信息技术手段，指导学生利用移动学习设备、根据自己的学习步调进行个性化学习。在此过程中，信息技术已经远远突破"辅助教学"的概念而成为教学过程中不可或缺的工具和要素。

（二）继承上的发展

与其说翻转课堂是对传统教学模式的一种颠覆，不如说是对传统教学模式的一种继承和发展。因为以往没有网络学习条件的时候，学生们除了在课堂上接受教师讲的内容，或者到图书馆查阅一些学习资料外，很难接触更多的学习资源。现在，随着互联网和信息技术的普及，出现了越来越多的优质视频学习资源，虽然这些教学视频能够起到"传道授业"的作用，但是，如果学生只是看教学视频自主学习的话，有些问题是不能自主解决的，也就是说，还是有许多疑难问题需要与同学交流讨论及得到教师的面对面辅导的。因此，教师应该继续提供"解惑"的服务。这样，教学效果才会更好。从这一意义上来说，翻转课堂不是一种破坏性的改变，而是在继承基础上的革新。

山东省昌乐一中的翻转课堂教学模式是建立在学校原有的"学—议—导—练"教学模式基础之上的。"学—议—导—练"教学模式的构建促进了学案编写、小组建设等方面的发展，而这些恰好成为实践翻转课堂的基础条件。

（三）更加注重“以学生为中心”

我国翻转课堂教学模式的构建体现了“以学生为中心”的教学思想。传统课堂教师一直都是知识的传授者，而学生是被动的接受者，边听边记笔记，在课堂上较少进行讨论并发表观点。而翻转课堂真正做到了“以学生为中心”，做到了因材施教：学生拥有学习的自主性和主动性，能够按自己的步调自主学习，真正成为整个课堂的主角；但这并不意味着教师不再是知识交互和应用的中心，教师从知识传授者变成了学习的促进者，并有针对性地对学生进行个别化指导、提供必要的支持。

（四）重构学习流程

教学应该包括知识的传授和知识的内化。在传统课堂中，知识传授发生在课堂上，学生在课堂上跟着老师的教学步调“齐步走”学习新知识；知识内化则发生在课后，学生在课后做练习运用所学的新知识和技能。而翻转课堂实现了知识传授和知识内化过程的颠倒，表现在学生在课前利用微课等资源自主学习，接受知识的传授，课堂上教师因材施教，对学生进行个性化辅导，或组织活动帮助学生掌握和运用学到的新知识和技能，促使学生实现知识的内化。

（五）基本上分两段操作

“翻转”的前提是教学环节的多元化，如果只有一个教学环节，就不存在“翻转”的问题。目前我国的翻转课堂教学模式多分为两个阶段，这样操作起来最为方便，也最能体现出“翻转”的特点。每一个阶段包括的环节多少不一，但大致可以归纳出一个基本模式（如图 10 所示）。

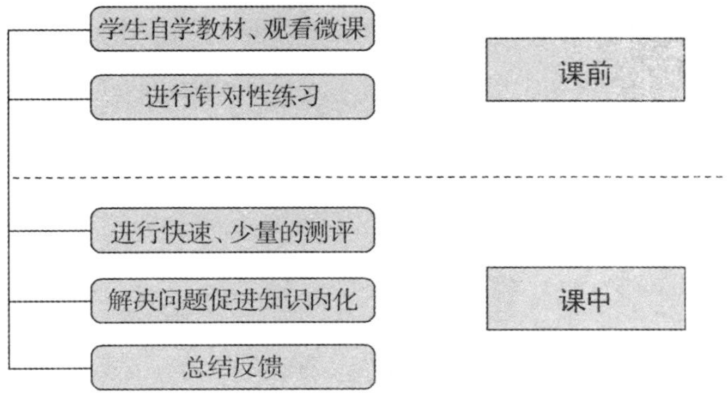

图 10　翻转课堂的一般教学模式示意图

三十七、翻转课堂教学模式是否都分为“课前”“课中”两段?

在操作上，翻转课堂不一定硬性地分为两段，只要根据翻转课堂的基本原理合理划分阶段即可，但一般不分为三段。从学习的时间安排上看，翻转课堂教学模式可以分为大翻转和小翻转两种类型。

（1）大翻转。一个学习单位的内容，比如语文课中的一篇文章的阅读与分析，或者数学课中的一个原理的学习，一般本来就需要“课堂学习 + 课后作业”两段学习。翻转课堂教学模式下，前一段由学生在自习课或家里结合微课和其他学习资料自学，完成老师布置的作业，于上课前提交给老师；第二段时间，教师根据学生的自学情况组织课堂教学，有针对性地对学生进行帮助、指导，更多地组织学生交流、训练、展示等。这是目前比较通用的模式。

（2）小翻转。这样的翻转一般是在一节课内完成的。一般而言，对于学生较为容易理解的内容，比如一节小学作文课《作文六要素》，可以设计如图 11 所示教学流程完成主题学习。

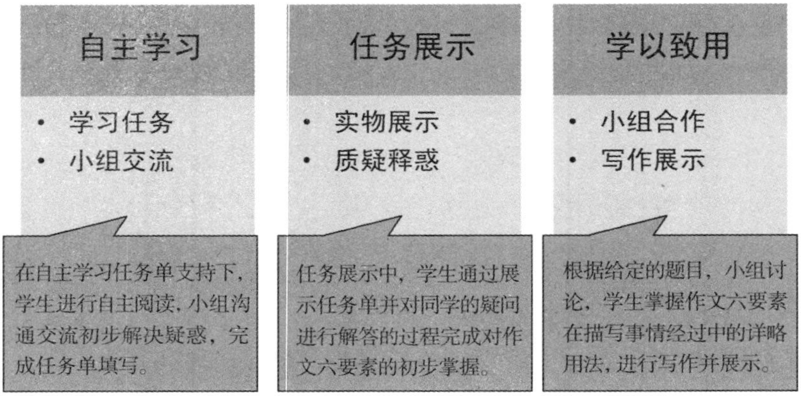

图 11　语文课内小翻转示意图

三十八、构建翻转课堂教学模式一般要优先考虑哪几个关键问题?

每一种教学模式都有其特定的逻辑步骤和操作程序，它规定了在教学活动中师生先做什么、后做什么以及各步骤应当完成的任务，这就是教学流程。翻转课堂教学模式不单单包括教学流程，但最具体的体现就是教学流程。翻转课堂教学流程大多是从信息加工的角度进行构建的。从翻转课堂的核心要素考虑，教学流程的构建一般包括三个步骤，对应解决三个关键问题：

（一）怎样构建学生学习的外部环境?

学生学习的外部环境构建包括网络教学平台的建设、学习终端设备配备、学习资源库的建设等。这一点在发达国家可能已经不是问题，但是在我国却是不得不考虑的重要问题。

（二）怎样创建教学视频?

首先，应当明确学生必须掌握的学习目标，以及需要视频最终表现的内容；其次，收集素材和创建视频，应考虑不同教师和班级的差异；第三，在制作过程中应考虑学生的实际情况和想法，以更好地适应不同学生的学习方法和习惯。

（三）怎样组织课堂活动?

知识在课外传递给了学生，那么课堂上更需要高质量的学习活动，让学生有机会在具体环境中运用其所学的知识，这些活动包括学生独立解决问题、合作探究式活动和基于项目的学习等。

值得一提的是，山东省昌乐一中构建的翻转课堂教学模式，还包括教师备课的四个步骤。

三十九、翻转课堂教学模式与“教无定法”矛盾吗?

教学是一门科学，有规律可循；教学也是一门艺术，体现了教师的个性化追求和创造力。教有法，但“教无定法，贵在得法”，这是一个基本常识。要认清教学模式与“教无定法”的关系，还需要进一步认清一些关于教学模式的问题：教学模式是一个动态、开放的系统，有一个产生、发展、完善的过程。虽然教学模式一旦形成，其基本结构保持相对稳定，但这并不意味着该教学模式就此不变了。教学模式总是随着教学实践、观念和理论的不断发展变化而持续得到丰富、创新和发展，从而日臻完善的。一种有影响力的教学模式之所以具有较强的生命力，就在于它在原有基础上能不断充实与提高，否则它就会被逐步淘汰。因此，教学模式的不断变革，正是它得以保持有效性的重要保证。

建立教学模式与“教无定法”并不矛盾，就如同学习知识的道理一样，要想让教师熟练地开展翻转课堂教学，就必须走“先死后活、由死到活、死去活来”的路子，也就是通常说的必须由“入模”再到“出模”的过程。

在翻转课堂实践的推进过程中，建立起基本的教学模式，初涉翻转课堂的教师就有了进行教学的“常规武器”，在规范的教学模式的示范引导下，可以很快地过渡到独立教学，从而大大减少盲目摸索、尝试错误所浪费的时间和精力。翻转课堂教学模式本身为教师的教学提供了更多的方法选择。翻转课堂教学模式的示范引导功能，旨在教给教师教学的“基本套路”，并不限制或扼杀教师的创造性。教师在运用这些“基本套路”时，可以根据具体教学条件或情境灵活调整，形成适合教学实际的“变式”。教学模式示范引导功能的发挥，对于青年教师尽快独立教学、学校教学工作规范化、正常教学秩序的建立等，具有非常重要的意义。

四十、设计翻转课堂教学流程的理论依据是什么？

（一）自主寻回学习原理

在《Make It Stick 》一书中，作者彼得·布朗、亨利·罗伊迪杰、马克·麦克丹尼尔解释了这样一个原理：人们在学习一个东西上花费的精力越大，学习的效果越好，而且，相应记忆也会越持久。当人需要绞尽脑汁回忆这些知识和信息时，实际上是在长期记忆之上重构知识，在这一点上，与从短期记忆直接获取信息是完全不同的。很多人认为测验或者考试只是一种评估学习进度的工具，实际上，相关研究已经证明，测验或者考试，也是一种自主寻回学习方法，它们是极其有效的学习工具。

当人学习的时候，如果能有意识地让大脑忘记一些东西，可能会在学习上得到更多。因为只有这样，人才有主动加固和重新组织大脑中知识的可能和机会,而不是一味地依赖短期记忆。这就是为什么“填鸭”式学习模式在花费了那么多时间，收获了那么多信息之后，却对长期记忆可能没有任何帮助的原因。“填鸭”式学习模式在感觉上效率可能更高，但是实际效果并不是这样。

其他一些研究同样支持这样的论点。在 1978 年的一项研究中，一组通过事前“填鸭”式学习准备考试的被试人员，在随后举办的考试中都取得了很好的成绩，但是考试结束之后，他们很快忘记了曾经学过的内容的 50%。另一组人员，采用自主寻回学习方法，仅仅忘记了 13% 的学习内容。在 2005 年的另一项研究中，那些事先阅读一篇文章再进行考试的学生，在考试结束一周多的时间里，知识的保留率超过那些没有进行考试的学生的 50%。考试这种强制模式下的自主寻回学习方法，大幅度地降低了学生的遗忘比例。

综观国内外翻转课堂教学模式，都非常注重测试的应用，有的前测，有的后测，目的都在于强化学习的内容。

（二）信息加工学习理论

该理论认为，学习是一个有始有终的过程，这一过程可分成若干阶段，每一阶段需进行不同的信息加工。在各个信息加工阶段发生的事件，称为学习事件。学习事件是学生进行内部加工的过程，它形成了学习的信息加工理论的基本结构。与此相应，教学过程既依据学生的内部加工过程，又影响这一过程。因而，教学阶段与学习阶段是完全对应的。在每一教学阶段发生的事情，即教学事件，这是学习的外部条件。教学就是由教师安排和控制这些外部条件构成，而教学的艺术就在于使学习事件与教学事件完全吻合。

该理论还认为，每个学习动作可以分解成八个阶段（见图 12）。

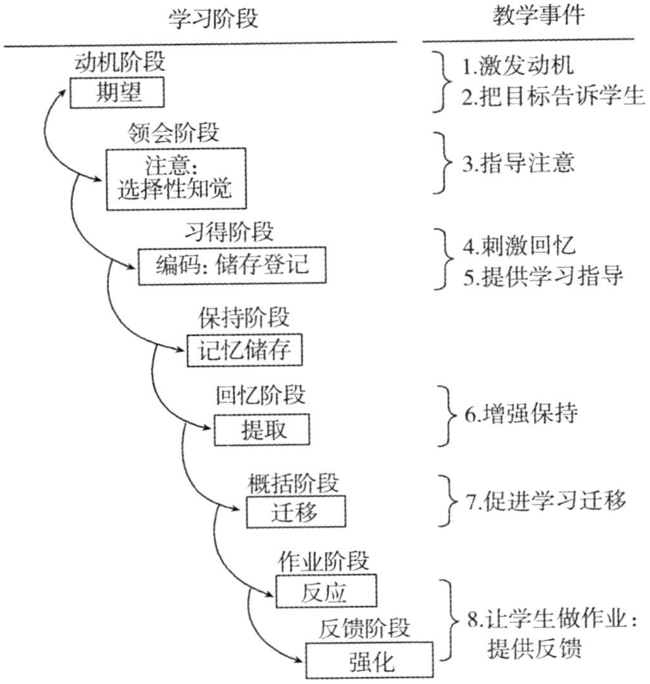

图 12　学习阶段与教学事件

图 12 左边是学习阶段，其中方框上面是该阶段的名称，方框里面是该阶段内部的主要学习过程；右边则是教学事件。这样，内部学习过程一环接一环，与此相应的学习阶段把这些内部学习过程与教学事件联系起来了。

1. 动机阶段

这是整个学习的开始阶段。有效的学习要有学习动机。在教学情境中，首先要考虑的是激发学生进行学习活动的动机，即学生力图达到某种目的的动机。但是，在有些场合下，学生最初并没有被达到某种目的的诱因所推动，这时就要帮助学生确立学习动机，形成学习期望。为了使学生形成理想的期望，在学生实际获得某种知识和技能之前，可以先作出安排使学生达到某种目标，以便向学生表明他们能够达到预期的目标。

2. 领会阶段

有了学习动机的学生，首先必须接受刺激，即必须注意与学习有关的刺激，而无视其他刺激。当学生把所注意的刺激特征从其他刺激中分化出来时，这些刺激特征就被进行知觉编码，储存在短时记忆中。这个过程就是选择性知觉。

为了使学生能够有效地进行选择性知觉，教师应采用各种手段来引起学生的注意，如改变讲话的声调、手势动作等；同时，外部刺激的各种特征本身必须是可以被分化和辨别的。学生只有对外部刺激的特征作出选择性知觉后，才能进入其他学习阶段。

3. 习得阶段

习得阶段涉及的是将新获得的刺激进行知觉编码后储存在短时记忆中，然后把它们进一步编码加工后转入长时记忆中。

在短时记忆中暂时保存的信息，与被直接知觉的信息是不同的。在这里，知觉信息已被转化成一种最容易储存的形式，这种转化过程被称为编码过程。当进入长时记忆时，信息又要经历一次转化，从而长时间保留下来。如用某种方式把刺激组织起来，或根据已经习得的概念对刺激进行分类，或把刺激简化成一些基本原理，这些都有助于信息的记忆保持。在此过程中,教师可以给学生提供各种“编码程序”，鼓励学生选择最佳的“编码方式”。

4. 保持阶段

学生习得的信息经过复述、强化后，以语义编码的形式进入长时记忆储存阶段。长时记忆是能保持许多年甚至终身的永久性记忆。记忆储存可能会受干扰的影响，新、旧信息的混淆往往会使信息难以提取。因此，如果教师能对学习条件作适当安排，避免同时呈现十分相似的刺激，可以减少干扰，从而提高信息保持的程度。

5. 回忆阶段

学生习得的信息要通过作业表现出来，信息的提取是其中必需的一环。相对于其他阶段而言，回忆阶段最容易受外部刺激的影响。教师可以利用各种方式帮助学生得到提取线索，这些线索可以增加学生的信息回忆量。但对于教学设计来说，通过外部线索激活提取过程固然重要，更重要的是使学生掌握为自己提供线索的策略，从而成为独立的学习者。

6. 概括阶段

学生提取信息的过程往往并不是在与最初学习时相同的情境中进行的。而教师也总是希望学生能把学到的知识运用于各种类似的情境中去,以达到举一反三的目的。因此,学习过程必然有一个概括的阶段,也就是进行学习的迁移。为了促进学习的迁移，教师要让学生在不同情境中学习，给学生提供在不同情境中提取信息的机会；同时，更为重要的是，要引导学生概括和掌握其中的原理和原则。

7. 作业阶段

一个完整的学习过程需要有作业阶段是不言而喻的，因为作业是教学中的重要反馈形式之一，它能反映学生是否已习得了所学的内容，同时，学生通过作业看到自己学习的成果，可以获得一种满足。一般来说，仅凭一次作业是很难对学生的学习情况作出判断的：有些学生可能碰巧做得很好，有些学生则可能碰巧做得不理想。因此，教师可能需要多次作业才能对学生的学习情况作出判断。

8. 反馈阶段

当学生完成作业后，他会马上意识到自己可能已经达到了预期的学习目标。这时，教师应该给予反馈，让学生及时知道自己的作业是否正确,从而强化其学习动机。当然,强化在学习过程中之所以起作用,是因为学生在动机阶段形成的期望在反馈阶段得到了肯定。

翻转课堂的知识学习阶段，学生在微课、学案（学习任务单）等学习材料的刺激下，完成“动机阶段→领会阶段→习得阶段→保持阶段”的信息加工过程；知识内化阶段，学生在教师和同伴的帮助下，通过训练展示等环节完成“回忆阶段→概括阶段→作业阶段→反馈阶段”的信息加工过程。

（三）自组织学习理论

翻转课堂教学得以开展的一个重要的理论假设和前提是承认学生可以不依靠教师的灌输，而是依靠计算机和网络技术的支持，通过自我教育和互助教育,学习任何东西。这个理论假设就是自组织学习理论。

前面已经提到过，苏伽特·米特拉发现学生的“学习是一种自组织行为”，借助计算机和网络技术的支持，任何学生可以教会自己和同伴任何知识和技能 (Kids can teach themselves)，从而进一步推进了建构主义学习理论和实践的发展：机器和技术不仅能替代教师的部分作用，而且在某些方面会比教师做得更好；学习的最大乐趣和动力是可以教会其他人学习。

随着信息技术的发展和教育资源的开放，人类的学习必然由“他组织”向“自组织”发展。自组织学习将成为人类的主要学习方式。翻转课堂本质上就是一种教育技术支持的自组织学习：借助教学视频的支持，学生可以自己组成学习小组，不仅完成对知识的个性化学习，而且通过协作探究、展示交流、意义建构，完成自己对知识的拓展和创新，发展批判性思维和创造能力。在自组织学习理论的指导下，教师可以更好地设计翻转课堂教学流程。

（四）ARCS 理论

ARCS 理论是美国佛罗里达大学的约翰·M·凯勒教授于 20 世纪 80 年代提出的。凯勒认为，传统教学设计对学生学习动机的关注太少，而任何一项教学，若无法引起学生的兴趣与专注，学习的效果就会大打折扣。因此，凯勒期望 ARCS 动机模式能提供给教育工作者学生的动机需求，确认与了解教学的设计策略，以激发学生的学习动机，有效地提升学生的学习与表现效果。

凯勒对一系列动机理论进行了充分分析，总结出能增强学生学习动机的四个要素：Attention（注意）、Relevance（关联）、Confidence（信心）、Satisfaction（满足）。凯勒指出，要想引起学生的学习动机，只有配合运用此四要素，才能达到激励学生学习的作用。

1. 注意：是指在教学活动的开始阶段要引发个体注意，这是个体进行学习的先决条件。注意分为有意注意和无意注意。在课堂教学中，教师要把学生的无意注意转化为有意注意，主要有以下几个步骤：第一步，知觉唤醒，旨在聚拢学生的注意力；第二步，激发探究，引发学生的好奇心和探索心；第三步，维持注意，需要不断地强化学生注意力的持续度。引发学生注意可采取的策略包括播放音乐或视频、做游戏、让学生自己出题、讨论幽默的话题、举例子、讲故事、提出探究性问题等等。

2. 关联：是让学生发现新知识与他已有知识和生活经验之间的联系，发现新知识可以用来解决生活中的实际问题，从而产生积极的学习态度。关联的建立，可以通过三个方面来实现：熟悉化，使用与学生已有经验相关的语句、事例或概念；目标定向，向学生说明教学目标和学习内容的价值；动机匹配，把教学与学生的各种学习需求匹配起来。

3. 信心：是指教师需要在学习的不同阶段，根据学生的需要，持续地给予学生支持和维护。教师在给学生设定目标时，要让学生感到经过自己的努力可以达到目标。假若教师把目标定得太低，学生会认为缺乏挑战而放弃；如果目标太高，在“踮脚”都达不到的情况下，学生又会因为太难而放弃。因此，教师要始终让学生对成功拥有更高的期望，相信自己能够取得成功。在教学策略设计上分为期望成功、挑战情境、归因方式三个过程：首先，教师设定一个可以实现的教学目标；接着，在学生挑战目标的过程中，教师要提供能够让学生成功的支持和资源；最后，如果学生成功了，教师要引导学生归因于自己的努力，而非简单的聪明，如果失败了，则要查找一些非能力性因素，例如努力程度是否足够，时间是否充裕，资源和支持是否具备等等。总之，教师需要帮助和引导学生，在努力程度与获得成果之间建立联系。

4. 满足：是指当学习结果与学生的期望一致时，学生心理上获得的满足。它是维持学生学习动机的一个重要条件。因此，教师在教学活动和评价的设计上，要创造条件让学生获得学习成果，体验到学习的成就感；让学生感到“所学知识是有用的”“我做得还不错”“评价很公平”等，从而获得满足感。

简单地讲，ARCS 理论就是，先引起学生对一件事的注意和兴趣，再让学生发现这件事和他有切身的关系，又觉得有能力和信心去完成它，最后学生获得完成后的成就感、满足感。基于 ARCS 理论进行教学设计，就是要吸引学生，让学生爱学愿做，不但能激发学生的学习动机，还能满足翻转课堂的需求。

四十一、如何进行翻转课堂教学环节的设计?

课堂教学环节主要服务于课堂上教师的教和学生的学。对于实践翻转课堂学校的教学模式，这里主要从课前和课堂上两个阶段探讨教学环节的设计。

（一）课前设计

1. 微课的制作

微课可以由课程主讲教师亲自制作，也可以直接选自网络上的优质开放教育资源，或者是同一备课组集体研究的共享成果。

需要注意的是，网络上的开放教育资源可能会与课程目标、课程内容不完全相符，这就需要教师进行改造。教师自行制作的微课则能够完全与教师设定的教学目标和教学内容相吻合，同时教师也可以根据学生的实际情况进行针对性讲解。

微课的视觉效果、互动性、时间长度等对学生的学习效果有着重要的影响。因此，教师在制作微课时需要考虑视觉效果、支持和强调主题的要点、互动策略以及学生能够坚持观看的时间等要素。还要注意如何使学生积极参与到微课的学习中去。事实表明，学生首次观看微课时，大多数不是在认真听讲而是在做笔记。为了避免这个问题反复出现，教师应在重点、难点内容上为学生提供视频副本，在视频副本中呈现某些重点和难点问题的答案，这样学生就可以集中精力思考视频中正在解说的内容了。

2. 学案（学习任务单）的设计

学案（学习任务单）体现的是“学生的意志”,是为“学生的学习”而设计的。它的着眼点与侧重点在于如何充分调动学生的学习积极性，如何引导学生获取知识，培养能力，求得创新和发展，因此具有鲜明的主体性、探索性和引导性。一份完备的学案（学习任务单），少不了问题设计、情境设计、教法与学法设计以及微课使用设计等，这些构成了学案（学习任务单）的基本要素。

（1）问题设计：学案（学习任务单）本身就是一份引导探索的自

学提纲。设计问题是引导学生探索求知的重要手段，是学案（学习任务单）设计的关键所在。应该努力避免的现象是把学案（学习任务单）设计当成教材内容的简单搬运，缺少良性问题的设计，以致学生完成起来味同嚼蜡。因此，教师要依据教学目标、教学内容，依据学情，精心构建问题链。设计的问题要有一定的科学性、启发性、趣味性，要通俗明白而准确，还要具有一定的层次和梯度，循循善诱，使学生拾级而上。

（2）情境设计：人的活动总是在一定的情境中进行的，把问题放到一定的情境中，是学案（学习任务单）编写的重要原则。创设一定的情境，使学生身临其境，甚至进入角色，能够激发学生的学习兴趣，调动其积极性和主动性。教师要依据学习内容，把握学习环节，适时、恰当地采用多种方式方法，或介绍背景知识，或使用生动的语言、丰富的表情、恰当的体态动作，或借助各种多媒体等，创造出浓厚的情境氛围，以取得良好的效果。

（3）教法与学法设计：学案（学习任务单）不仅需要设计教师如何教，而且需要设计学生如何学，只有把教师教的最优化与学生学的最优化融合在一起，才能保证整个教学过程的最优化。因此，教师应从教材和学情出发，在教法与学法的最优化方面动脑筋、下功夫，精心设计，把教学过程纳入到学案（学习任务单）设计中。

（4）微课使用设计：翻转课堂的最大特征就是“运用微课再造教学”。因此，针对如何使用微课的设计，也是学案（学习任务单）设计不可缺少的工作，教师要通过微课使用设计指导学生正确地使用微课，以避免微课使用的盲目性和随意性，充分发挥微课的效用。

学案（学习任务单）的设计，理应依据学习的目标、内容和学生的情况而变，没有千篇一律 、固定不变的格式。但从“教为主导，学为主体，以学为本，因学论教”的原理出发，应当具有基本结构。山东省昌乐一中的学案基本结构与教学模式是相适应的，每份学案包括“自学质疑学案”和“训练展示学案”两个部分。“自学质疑学案”与“训练展示学案”的栏目有所不同，这是由它们不同的功能决定的：“自学质疑学案”主要引导学生自学教材，因此突出“目标导学”；而“训练展示学案”是帮助学生进一步内化知识的，因此突出“训练点”的梳理以及训练层次的明确（具体学案案例可参阅《翻转课堂导学案编写指导与案例分析》一书）。

（二）课堂活动设计

建构主义者认为，知识的获得是学习者在一定情境下通过人际协作活动实现意义建构的过程。因此，教师在设计课堂活动时，应当充分利用情境、协作、会话等要素充分发挥学生的主体性，提高学生内化知识的效率。课堂活动设计应当特别注意以下几点：

1. 创建个性化的学习环境

个性化学习环境能够使学生成为自我激励的学习者，拥有强大的自主学习控制权，并通过教师指导利用技术工具进行自我组织的探究性学习。个性化学习环境的创建基于可协作学习环境中发生的学习而非整齐划一的知识传授。

目前，创建个性化的网络学习环境十分简单，这样的环境也可以为学习者的社交、职业发展和其他活动提供支持。例如，可以使用 RSS（Really Simple Syndication，聚合内容，在线共享内容的一种简易方式）将所需的网上资料进行储存、标签识别、分类或监控，还能够非常简单地对资料进行多目的的转化，无须掌握网页构成的专业知识。

在翻转课堂个性化学习环境中，教师主要发挥领路人的作用，帮助学生制订学习计划，教会他们使用学习工具（如 Symbaloo、Diigo 等）。

2. 鼓励学生独立探索

独立学习能力是学生应该具备的重要素质之一，是开展翻转课堂实践的必备条件之一。从个体发展的角度来说，学生的学习是从依赖走向独立的过程。著名教学论专家江山野认为，学生的“独立性”有四层意义 :（1）每个学生都是一个独立的人，学习是学生自己的事情，这是教师不能代替也代替不了的，教师只能让学生自己读书，自己感受事物，观察、分析、思考问题，并帮助他们明白事理，掌握知识 ;（2）每个学生都独立于教师的头脑之外，不完全遵从教师的意志，教师要想使学生接受自己的教导，首先就要把学生作为一个具有独立性的人来看待，使自己的教学适应学生的实际情况 ;（3）每个学生都有一种独立要求，他们在学校的整个学习过程也是一个争取独立和日益独立的过程 ;（4）每个学生（有特殊原因的除外）都有相当强的独立学习能力，教师要相信学生具备这种能力。

总之，独立性是一种客观存在的根本属性。在课堂活动设计中，教师应该注重培养学生的独立学习能力，要从开始进行选择性指导逐渐转至学生独立探究学习，把尊重学生的独立性贯穿于整个课堂活动设计中，让学生在独立学习中构建自己的知识体系。

3. 合理组织问题探究

教师需要根据课程内容和学生观看微课自学、完成学案（学习任务单）过程中提出的疑问，总结出一些有探究价值的内容，并以问题的形式进行表达。学生根据兴趣与理解能力选择相应的探究题目。在此过程中，教师应该有针对性地指导学生进行题目选择。

根据所选题目对学生进行分组，选择同一个题目者在同一小组中，小组规模控制在 5 人以内。然后，根据题目的类型、难易进行小组内部的协作分工设计。当题目涉及面较广并可以划分成若干子问题时，小组成员可以按照“拼图”学习法进行探究式学习：每个小组成员负责一个子问题的探究，最后聚合在一起进行协作式整体探究。当问题涉及面较小、不宜进行划分时，每个小组成员可以先对该问题进行独立探究，最后再进行协作探究。

4. 提倡积极的协作学习

协作学习是学生个体之间采用对话、商讨、争辩等形式充分论证所研究的问题，以获取达到学习目标的途径。协作学习活动有利于发展学生个体的思维能力，增强学生个体的沟通能力及学生相互之间的包容能力。此外，协作学习对形成学生的批判性思维与创造性思维，提高学生的交流沟通能力，增强学生的自尊心及形成个体间相互尊重的关系，都有积极作用。因此，翻转课堂应该加强对协作学习的设计。

在翻转课堂的协作学习活动中，教师要随时捕捉学生的学习动态并及时加以指导。教师应当允许和鼓励学生有意义地参与小组活动，并为参与者提供与同伴交流的机会，以便其随时检查自己想法的正确性以及提供多种解决问题的策略，达到集思广益的效果。

教师在指导小组活动的过程中，要适时作出决策，选择合适的交互策略，保证小组活动的有效开展。常用的小组交互策略有头脑风暴、小组讨论、“拼图”学习等。

5. 进行多种形式的反馈评价

翻转课堂不仅要对学生的学习结果进行评价，还应当通过建立学生的学习过程档案，对学习过程进行评价，真正做到定量评价和定性评价、形成性评价和总结性评价、对个人的评价和对小组的评价、自我评价和他人评价之间的良好结合。评价的内容涉及问题的选择、独立学习过程中的表现、在小组协作学习过程中的表现、学习计划安排、时间安排、结果表达和成果展示等方面。对结果的评价关注学生对知识和技能的掌握程度，对过程的评价关注学生的实验记录、各种原始数据、活动记录表、调查表、访谈表、学习体会、反思日记等。

山东省昌乐一中的教师结合“二段四步十环节”教学模式和学生学情进行课堂活动设计。例如，于善经老师针对“自然界的水循环”这一教学主题做了如下课堂活动设计：

表 4　“自然界的水循环”课堂活动设计

教学主题	**自然界的水循环**
一、教材分析	

本节为人教版必修一第三章第一节，主要涉及的内容为“陆地水体的补给关系”“水循环”“水循环对地理环境的意义”。

结合课程标准分析，教学的重点包括：

（1）以教材示意图为例，分析河流的主要补给类型（分布、影响因素、汛期、流量大小）。

（2）以海陆间循环为主，将三种水循环的过程和环节综合在一幅示意图中，使学生综合把握水循环。在学习后，学生应能绘制简图说出水循环的过程和主要环节。

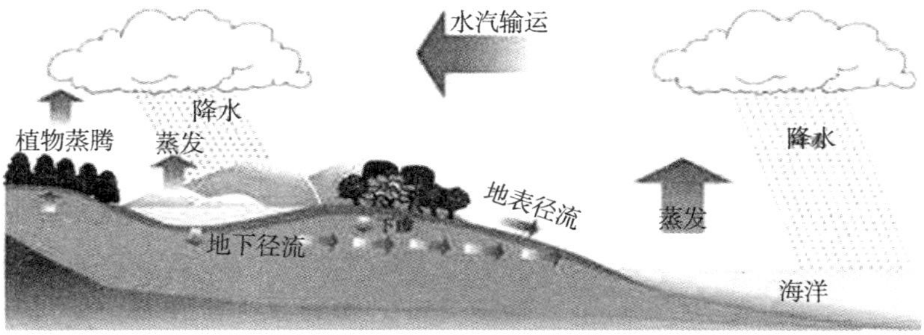

（续表）

（3）重点把握水循环的意义：维持地球上各水体之间的动态平衡，促进物质运动和能量交换，使淡水资源不断更新，对气候、生态、地貌产生深刻影响。

在自然界中，“水是生命之源，同不断运动变化的自然界一样，大自然的水也是处于运动更新的状态之中。”自然界的水循环可谓高考热点（如 2012 年北京卷、天津卷、江苏卷，2013 年全国卷、四川卷、安徽卷都有涉及）。如果采取传统授课模式（画图 + 练习 + 讲解），会使得绚丽多彩的教学内容（奇妙水世界）变得枯燥，所以希望通过直观演示、动画设计灵活讲解，师生互动——在轻松、欢快的氛围下完成对水循环环节和类型的学习。微课可以帮助学生在对水循环环节初步了解的基础上，进一步识别水循环的类型（结合相关习题）。

二、学情分析

本节内容相对于前面两章（地球、大气），倾向于文科性质，理科思维较弱，便于高中学生理解掌握。

让学生借助平板电脑交互、微课助学等体验活动形式来学习本节课，化复杂为简单，化抽象为具体。

另外，学生每天都接触大自然，感受着大自然的变化，只要善于观察和发现，便会对身边的科学问题兴味盎然。本单元以此为出发点，有意识地引导学生从自己熟知的、几乎每天都感受得到的“蒸发”“沸腾”和“凝结”现象开始探究，以学生较为熟悉的生活经验作为探究活动的切入点，引导学生亲历探究水在自然界中的循环过程，获得对水循环的科学认识，体验成功的乐趣。

三、教学目标

1. 知识与技能

（1）了解陆地水体的各种类型以及各种水体之间的相互转化规律，了解目前人类利用的水资源主要是淡水资源，其数量是有限的。

（2）绘制水循环示意图，结合示意图说出水循环的过程，理解自然界水循环的类型，准确理解三类水循环分别包括哪些环节，进一步了解各环节在实际生活中的具体表现、影响。

（3）举例说明水循环在塑造地表形态方面的作用。

（续表）

2. 过程与方法

（1）通过学习水循环，能够绘制“海陆间水循环示意图”，并用简练的语言表述水循环的过程及意义，培养动手能力和知识迁移能力。

（2）通过学习水的若干运动转化、更新规律，能够解释生活中的实际问题，用科学的理念、发展的观点指导个人行为。

（3）通过讨论“南水北调”的深层次问题，说明人类活动对水循环的影响；学会运用地理知识解决问题的方法，学会运用辩证的观点分析、解决问题。

3. 情感态度与价值观

（1）通过学习陆地水体的有关知识，增强对水资源的忧患意识，树立正确的资源观，养成节约用水的好习惯。

（2）通过联系生活中的实际问题，激发主动探究生活中的地理知识的兴趣。

（3）通过对水循环影响的学习，掌握自然要素的相互影响、相互制约的整体性关系，提升对可持续发展思想的认识。

四、教学环境

□ 简易多媒体教学环境　☑ 交互式多媒体教学环境　☑ 网络多媒体教学环境
□ 移动学习　□ 其他

五、信息技术应用思路

（1）微课助学：学生借助网络教学平台观看微课“自然界的水循环”。微课使原本抽象的知识点形象化、立体化，能使人有“身临其境”“触手可及”的感觉。

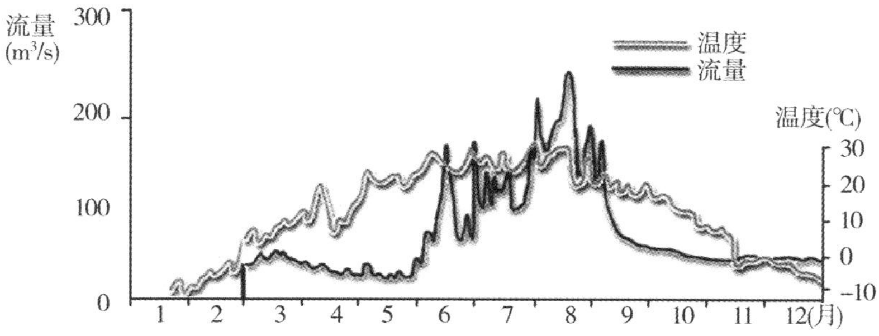

冰川补给的河流流量与气温的关系图

（2）Flash 动画展示——水循环的过程及环节：模拟水循环的环节及类型；直观地感知水循环的过程以及环节、特征。预期效果：增强形象化、可视化→推动学生探究水循环规律、原理，加深理解。

（3）利用平板电脑互动：在平板电脑白板上绘制水循环示意图，发布疑难问题，展示习题完成情况。通过此信息技术的应用达到增强互动、随时掌握学情的目的。

（续表）

六、教学流程设计			
教学环节	教师活动	学生活动	信息技术支持（资源、方法、手段等）
导入	播放音乐“We Will Rock You- 水精灵”Flash 动画。	通过趣味 Flash，让学生了解水的变化（三态），提高其学习兴趣和探究积极性。	下载网络 Flash;播放的视频内容与学生喜欢的摇滚音乐相关，易引发学生的兴趣。
微课助学	课前发布微课“自然界的水循环”到学校的网络教学平台，附加“在线测学”5 道相关选择题（难度中等偏下）。	学生课前下载好微课，课堂上对照学案学习，发现疑难点，借助微课答疑解惑；整理笔记，勾画重、难点，完成教材中的“读图思考”活动。	借助网络教学平台（教师客户端），在班级群内发布微课和“在线测学”题目（点明重、难点和使用说明）。
合作互学	指导学生进行限时、定量（小组内部成员结合各自学习情况）讨论。	分小组进行，针对“教材自学”“微课助学”中存在的疑难点，进行“一对一”助学、协作学习。	借助个人平板电脑或纸条向老师反馈新问题。
训练（“在线测学”）	借助网络教学平台，给学生设计适量、难度适宜的习题（与本节知识密切相关）。	学生自主完成“在线测学”训练题目，标注整理错题到错题集。	在教师客户端于微课后面“新建选择题”或“导入试题”。

（续表）

<table>
<tr>
<td>讲授</td>
<td>①水无常态（水体转化）：许是东海一滴水，但转瞬就在太阳下变成水汽飘散空中。天气骤变，水汽又在天空中变成晶莹剔透的雪花，翩翩落于高山之巅，日久天长，化作冰川。
②展示 PPT（自然界的水循环），引导学生运用所学知识——掌握海陆间循环、陆地内循环、海上内循环的发生区域、包含的环节。（借助学案中的表格）
<table>
<tr><td>类型</td><td>发生的区域</td><td>例证</td></tr>
<tr><td>海陆间循环</td><td>海洋与陆地之间</td><td>夏季风参与水汽输送</td></tr>
<tr><td>陆地内循环</td><td>陆地与陆地上空之间</td><td>塔里木河流域的降水</td></tr>
<tr><td>海上内循环</td><td>海洋与海洋上空之间</td><td>海洋上的狂风暴雨</td></tr>
</table>
③借助电子白板，对照教材 P55 图 3.3，师生共同绘制海陆间循环图。</td>
<td>①让学生预先对本节课主要内容进行知识点梳理，再由教师简述本节课知识体系（板书）。这样设计有助于学生自主建构知识体系，提高归纳总结能力。
②让学生学会绘制水循环示意图，并能结合绘制的示意图解释水循环的过程及说出主要的环节。</td>
<td>借助网络图片，加强学生的理解；PPT 展示探究问题优化了讨论过程。</td>
</tr>
<tr>
<td>探究</td>
<td>【案例 1】为什么日本福岛核电站核泄漏的辐射物，会随着降雨落在中国的大地上？
【点拨】水汽输送、降水、洋流（渗透知识点：海陆间大循环）
【案例 2】某化工厂排放的污水，会污染当地地下水，影响当地居民健康。
【点拨】下渗、地下径流、地表径流等
【案例 3】南水北调
【点拨】人为改变地表径流</td>
<td>选择热点案例，增强学生的重视程度，采用启发式教学方法，让学生充分发挥自己的自学能力。</td>
<td>利用一体机展台投影和电子白板技术增强体验和互动，形成完整的知识体系，联系实际，学以致用。</td>
</tr>
</table>

（续表）

<table>
<tr><td>评价</td><td>结合学案，总结评价优点和不足，设计“评价量规”。</td><td>师生合作，对于课堂表现、学案完成情况、“在线测学”结果等打分评价。</td><td>借助一体机展台投影和电子白板展示，推进教学。</td></tr>
<tr><td colspan="4">七、教学特色</td></tr>
<tr><td colspan="4">自主学习支持：
借助微课与学案，采用直观展示、动态演示的方式，引导学生对水循环的类型和环节进行准确的理解和掌握——辅以思考、探究题目（结合身边实际），利于学生理解；学生观看微课，并整理学案中的表格进行总结，形成完整的知识体系。
学生能力培养：
借助手头的平板电脑，通过课堂探究、展示（师生、生生探究，组内、组外合作），不断完善自身的知识体系。
个性化教学所做的调整：
表演式的探究活动将重、难点细化、分解，全体学生亲身参与其中进行体验和感知，趣味性、开放性、实践性、创新性、思维性贯穿始终，提高了课堂教学的有效性与生活性。
教与学方式的创新：
让学生“取代”老师“占领”课堂——表达自己的观点、讲述自己的学习方法。</td></tr>
</table>

四十二、什么是翻转课堂学案（学习任务单）？

学案（学习任务单）是教师设计的帮助学生在课前明确自主学习的内容、目标和方法，以表单为呈现方式的学习指导方案。学案（学习任务单）与微课、PPT 课件、网络教学平台内容等一起构成了翻转课堂中学生学习的重要资源。

翻转课堂学案不同于传统课堂学案：翻转课堂学案是用来帮助学生自主学习知识的，传统课堂学案主要是供学生预习知识用的，二者担负着不同的功能。与传统课堂学案相比，翻转课堂学案更加强调对学生学习的指导性，主要表现在以下三点：

第一是注重导向，也就是更加注重“导学”功能的发挥。它是提供给学生进行自主学习以达成学习目的的一种“支架”。它包括三个重要的要素：①学什么？②怎么学？③学到什么程度？山东省昌乐一中使用的学案，是与微课配套的学习资源，学生可以在学案和微课的帮助下完成对教材的自学。

第二是强化反馈，主要表现在四个方面：①充分预设：设计符合学科特点的学习任务，对使用情况有充分的预案；②强调自主与合作：让学生通过自主学习发现问题，再通过合作学习及时解决问题；③教师引导学生利用资源：做好引领、点拨、评价、诊断、反馈和系统化；④反馈矫正：对学生的帮助要体现在重点处、难点处、关键处、疑惑处，把问题消化在教学的过程中。为了巩固学生观看微课的效果，山东省昌乐一中的学案十分注重针对微课的反馈和检测，使学案既有引导学生阅读教材、观看微课的作用，又发挥着反馈矫正的作用，提高学生自学的效果。

第三是结合技术，即翻转课堂学案注意对学生运用信息技术手段进行指导，例如，学案中要特别注明微课的观看方法和观看后需要完成的任务，这是传统学案所不具备的。

翻转课堂学案的这三个特点在本书问题四十三中展现得更加明确。

四十三、翻转课堂学案（学习任务单）就是习题集吗？

习题集是各学科用来进行基本训练的习题结集，以习题为主体内容，以训练为目的，功能比较单一。学案（学习任务单）是教师设计的以表单形式呈现的指导学生自主学习的方案。学案（学习任务单）不等于习题集，它的内容中可以有习题，但是还包括更多的其他内容。在学案（学习任务单）的编制过程中，教师需要考虑让学生自主学习解决哪些问题，可以提供哪些方法帮助学生使自主学习更有效，课堂教学创新设计哪些活动，这些活动如何与课后学生的自主学习相衔接，等等。

学习任务单一般包括学习指南、学习任务、困惑与建议三个组成部分。

第一部分：学习指南。学习指南包括学习主题、要达成的目标、学习方法建议、课堂学习形式预告四个子项。教师通过设计学习指南，使学生明确自主学习的主题和要达成的目标，知道通过什么样的方式达成学习目标。学生可以通过了解教师关于课堂学习形式的设计，明确课前自主学习与课堂学习的关系。

第二部分：学习任务。学习任务是学习任务单的主体，教师对于教学内容内在联系的驾驭、教学目标的理解、教学方法的渗透、教学过程的循序渐进等方面的设计，都会在学习任务设计中体现出来。理想的学习任务单设计，要能使学生在完成自主学习之后，就能达成教师设定的教学目标。若学习任务单设计得不理想，会导致学生达不成教师设定的教学目标，或者因无法操作而使自主学习流于形式的后果。

第三部分：困惑与建议。这个栏目是为学生反馈自主学习过程中产生的困惑或者建设性意见而设置的。

表 5　学习任务单设计模板

一、学习指南
1. 课题名称： （提示：用“版本 + 年级 + 学科名 + 册 + 内容名”表示）
2. 达成目标： ［提示：达成目标不同于教学目标。请用“通过观看教学视频（或阅读教材，或分析相关学习资源）和完成学习任务单规定的任务 + 谓语 + 宾语”表述；旨在让学生明确预习任务。］ 要善于把教学目标转化为达成目标
3. 学习方法建议： ［提示：有就写，没有就不写，不要“喧宾夺主（任务）”。］ 努力发掘方法，避免“以其昏昏，使人昭昭”
4. 课堂学习形式预告： （提示：简要说明课堂教学组织形式，也可用流程图代替。其目的是使学生明确自主学习知识与课堂内化知识的关系。） 四个步骤：检测、作业、协作、展示
二、学习任务
通过观看教学视频自学（或阅读教材，或分析相关学习资源），完成下列学习任务： （提示：含必要的提示等帮助性信息。） 要求：把教学重点、难点和其他知识点转化为问题
三、困惑与建议
（提示：此项由学生自主学习之后填写。）
备注：1. 栏目不够用可以自行扩展；2. 完成学习任务单设计之后，删除所有提示项

山东省昌乐一中的翻转课堂学案也有一个基本的设计模板，但是各个学科和不同的课型都各自具有个性特征。

表 6　山东省昌乐一中翻转课堂学案设计模板

高 ××× 翻转课堂课时学案

班级：____ 小组：____ 姓名：____ 使用时间：____年__月__日 编号：____

<table>
<tr><td rowspan="2">课题</td><td colspan="2" rowspan="2">课时名称</td><td>编制人</td><td>主备人</td></tr>
<tr><td>审核人</td><td>备课组长</td></tr>
<tr><td rowspan="2">目标导学</td><td colspan="4">1. 合理使用行为动词，科学限定学什么，学到什么程度。</td></tr>
<tr><td colspan="4">2. ……</td></tr>
<tr><td>重点难点</td><td colspan="4">重、难点可以重合，也可以分别写。</td></tr>
<tr><td colspan="3">自学质疑学案</td><td colspan="2">问题记录</td></tr>
<tr><td colspan="3">（引导学生阅读教材、观看微课，是自学质疑学案的主体部分）</td><td colspan="2">（记录自学中遇到的问题）</td></tr>
<tr><td colspan="5">训练展示学案</td></tr>
<tr><td colspan="2">训练点</td><td>识记</td><td>理解</td><td>应用</td></tr>
<tr><td colspan="2">（罗列需要训练的知识点，包括难点、重点、易错点等，并在右方注明相应的所要达到的目标层次）</td><td></td><td></td><td></td></tr>
<tr><td colspan="5">（选编代表性习题或问题，习题和问题必须与学习目标一一对应，符合训练的层次要求）</td></tr>
<tr><td colspan="5">自我反思</td></tr>
<tr><td colspan="5">（提示：自我总结本节课的学习内容，内容要尽量具体）</td></tr>
</table>

无论是学习任务单，还是山东省昌乐一中的翻转课堂学案，在不同的形式下蕴含着本质上的统一，都要处理好“学”“讲”“练”的关系。二者都注重以下两点，以处理好与习题的关系：

1. 都注重把知识点转化为问题

将知识点转化为问题，是学案（学习任务单）设计最基本、最有效的方法。知识点转化为问题，指的是把教学重点、难点和其他知识点转化为问题。问题是学生自主学习的向导，有了向导，所有的学生都不会觉得自主学习无从下手。

2. 都设计了适当的练习

当学生通过自主学习理解了概念、原理之后，教师可以提供几个与“任务”难度相当的题目让学生练练手，使其验证自主学习成效，获得学习的成就感。

但是，值得注意的是，不能直接把普通习题搬到“训练展示学案”或“学习任务”里。把训练任务变成习题的危害在于，习题与问题不同，对于大多数学生来说，做习题不具有举一反三的意义，不利于学生搞清概念、原理、方法。这时候做题，一般做一个会一个，没做到的题目则不会。这种做法实际上是用工业时代训练“熟练工”的方法代替信息时代思维发展的培养，不利于培养创新型人才。如果习题过多，那就更加糟糕了：“题海战”的结果是学生根本做不完，教师在课堂上的讲评更结束不了，达不到翻转课堂内化知识和拓展能力的高度。

四十四、学生在翻转课堂中的学习属于混合式学习吗?

混合式学习并非一种单一的模式。不同的组织、学校或教师都可能有自己对混合式学习的理解和实践运用方式。美国创见研究所的一份研究报告指出，混合式学习是正式教育中学生的学习形式，包括：至少一部分是通过在线学习接受内容和讲座，且学生能自己控制时间、地点、路径和进度；至少一部分是在有监督和指导且不在家的实体地点进行的——是一种整合式的学习体验。

定义中“包括”的第一部分“至少一部分是通过在线学习接受内容和讲座，且学生能自己控制时间、地点、路径和进度”语言表述来自美国常青藤教育联盟和 iNACOL 对“在线学习”的定义。“在线学习”这个词，根据不同环境可以用“虚拟学习”“数字化学习”“电子学习”等替换。“学生能自己控制时间、地点、路径和进度”这部分则把混合式学习与“富技术教学”（如多媒体教学等）区分开来。“正式教育”则是与非正式学习区分开来的。

定义“包括”的第二部分具体提到学习必须是“有监督”和发生于“不在家的实体地点”的，这是为了与发生在咖啡馆、图书馆或家中的学习以及在线学习区分开；提供“监督和指导”的人也应避免是学生的家长或其他非专业人士，一般是指教师。

定义“包括”的第三部分是指学生学习某门课程时的学习路径，要与“整合式的学习体验”相关。若学生在线学习了一些内容，然后回到传统课堂通过听课来复习这些内容，就不属于这种学习方式。

混合式学习一般包括四种模式：循环模式、弹性模式、自混合模式、增强虚拟模式。其中，循环模式还包括几个子类，其中就有翻转课堂模式（见图 13）。

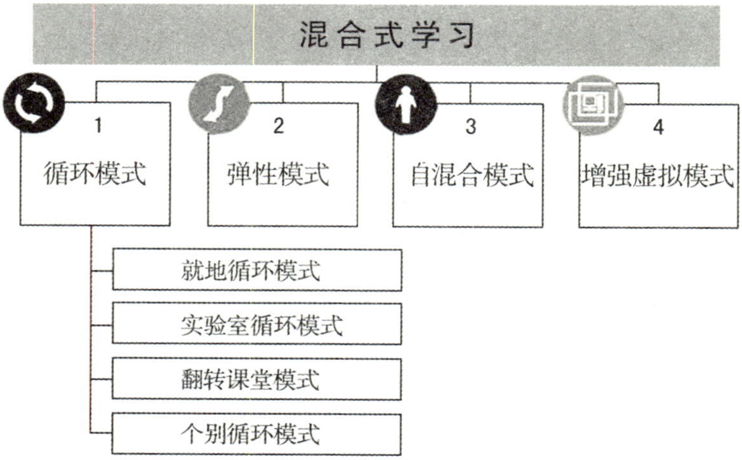

图 13　混合式学习模式分类

循环模式是对于某一给定的学科或课程，在固定的时间表内，学生在多种学习形式和活动（比如在线学习、小组协作、集中授课、分组项目、个别辅导、书面作业）中循环的学习模式。而在这些学习形式和活动中,至少有一种是在线学习。通常情况下,学生会在在线学习、小组协作学习以及课堂书面作业这几项中进行循环，或者在在线学习和某种全班讨论或分组项目之间进行循环。

翻转课堂模式是一种典型的循环模式。

四十五、翻转课堂教学模式可能给学习领域带来哪些变化?

翻转课堂是在信息技术推动下产生的具有代表性的课堂教学新模式。这种新模式可能给学习领域带来以下变化：

（一）信息技术的革命性影响变为现实

《国家中长期教育改革和发展规划纲要（2010 — 2020 年）》指出：“信息技术对教育发展具有革命性影响。”既然是“革命性”，就不是改革、改良，而是一种结构的重组、方式的重建。主要表现为：信息技术从服务于教走向服务于学，支持学生利用信息技术构建一种全新的学习方式，完成从开发教学资源到开发学习程序的技术支持，建设支持学生自主学习的平台和资源库等,从而使得学生深度学习成为可能。

（二）学习空间从教室转到一切可能发生学习的地方

翻转课堂教学模式倡导的是自主学习、探究学习，使学习的空间从教室转到一切可能发生学习的地方。尤其伴随着移动互联网的不断发展和移动学习终端的不断丰富，教师可以创建一种灵活的教学环境，学生可以自由选择自己在什么时间、什么地点学习，比如在回家的路上或者旅游的间隙学习，再比如去一个企业或者到社区参观学习，或者到大自然里观察、体验等等。课堂学习实际上就变成了一个研讨会，学生在不同的学习空间开展了学习，然后要回到一个集中的场所，针对自己学习的收获、体会和疑问开展共同讨论和交流协作。

（三）从自主学习到自主管理

翻转课堂教学模式下，教师应该充分相信学生有自主学习的能力，更有自主管理的能力。自主管理是一项非常重要的内容，它使得学生担当社会责任的时间前移，在学习中学会担当。“自主”一旦从学习走向管理，“学生社会”便应运而生，这对于学生成长的意义是不可估量的。

翻转课堂教学模式下，丰富多彩的学习方式为学生提供了体验性德育的可能，即在学习的过程中形成关爱他人、文明礼貌等品行。说教是一种非常落后的、有效性很低的教育方法。真正有效的教育方法，是让学生在做事的过程中自己感悟、体会，最后形成他自己的品行。课堂的翻转，自主学习时空的构建，为学生的体验创造了条件。此外，成长既包括获取，也包括付出，“没有付出的成长就是病态的成长”。如果我们认同“教育保障学生成长”“成长必须包括付出”的观点，学生实际上学到的东西就会更多。

（四）重建教学评价体系

随着翻转课堂的发展，其评价标准会出现一些新的内容。首先，教育资源的开发会是未来的一项评价内容。再一项就是学生的成长记录。对于教师的课堂教学，不同的学校、不同的学科和不同的时期，评价的标准有所不同，但有一些是相同的，例如：传统教学模式下看重的是教师的讲课能力、表达能力和他们的知识功底；翻转课堂教学模式下更看重的是教师的组织能力（也就是能不能让学生在学习中

“动”起来），平台搭建、机制建立的能力及现场评价能力。对学生的评价标准很多，其中最重要的选拔性评价标准有两项：一是高考标准，二是中考标准。在“纸＋笔”评价形式不变的情况下，其命题会继续保持新课程改革中“减”和“加”的趋向，即知识性、技能性的题减少，探究性、应用性的题增加。翻转课堂的评价标准也要相应地适应这些变化。

四十六、翻转课堂如何保证教与学的效果？

影响翻转课堂教学效果的因素方方面面，既涉及学校管理层的理念，也涉及教师的学科素养及专业能力，更涉及学生的自学能力，是一个比较复杂的问题。例如，涉及的教师专业能力细节就有：在自行制作微课时如何设计利用各种元素，如何对学生课下自学进行合理监控，课堂翻转之后如何进行课堂活动的组织与管理等。但仅就翻转课堂的一般教学模式而言，只要把以下几点做好，就基本上能保证教与学的效果。

（一）确立明确的学习目标

学习目标是每个学生期望达到的学习成果。教师可以根据国家课程标准、学校的教育目标，结合自己的教学经验确定需要学生掌握的知识和技能。教师既要具备把课程标准转化为学习目标的能力，又要具备把学习目标与教材内容整合为学案的能力。要让学生在目标的引领下开展学习，并有强烈的达标意识。

（二）确定这些学习目标中哪些适合通过探究性学习达成，哪些适合通过直接授课指导达成

适合直接授课指导达成的目标，可放在课下时间段完成；适合通过探究性学习达成的目标，应放在课堂时间段，通过师生、生生之间的交流与合作达成。针对那些可通过直接授课指导达成的目标，教师可以自己制作微课，也可以从网络上搜索下载与自己的授课内容和授课方式类似的微课。山东省昌乐一中在实践翻转课堂的过程中，在教师集体合作确保完成公用微课制作的基础上，鼓励每位教师自己设计并制作个性化微课，这样的微课一般对该教师任课班级的学生具有更强的适切性。

（三）确保学生能够“取用”微课

不管教师是自己制作微课还是使用他人的微课，都要确保学生能够“取用”这些微课。有很多方法可以确保这一点，例如把视频上传到网盘上或学校的内网服务器上，或是刻成光盘。山东省昌乐一中的教师一般是把微课上传到学校的网络教学平台上，供学生在线观看。该平台能自动生成数据，记录学生观看微课的情况。与微课配套的学案（学习任务单），也能在一定程度上驱动学生“取用”微课。

（四）把需要在课堂上使用的其他学习资源汇总打包

教师可以为每一个教学单元准备一个学习资源包，资源包包括学案（学习任务单）、教师讲课的课件、学生将要完成的实验有关资料、教师搜集的其他材料等。其最大好处是方便学生自定进度有计划地完成学习任务。

（五）总结性评价测试要设计多个版本，以充分证明学生掌握了每一个单元的每一个学习目标

经过一个单元或者一个模块的学习后，要有一次总结性评价测试并设置一定的标准：正确率最低达到多少才算掌握了知识（不是我们通常所采用的 60 分及格线）。达不到此标准的可以重新参加一次测试，达到此标准但希望取得更高成绩的学生也可以重新参加测试。测试的目的不是给学生“排队”，而是让学生知道自己的知识掌握情况。目前最简捷、有效的方法是使用在线测试题库系统。山东省昌乐一中使用的网络教学平台具有题库功能，教师或者学生可以围绕某个知识点或主题进行在线组卷，进行不同学习单元的测试。

四十七、什么是 MiniQuest 学习？翻转课堂可以借鉴其哪些方面？

MiniQuest 网络探究性学习是一种让学生在意义丰富的网络情境中主动建构知识的新型教学模式。MiniQuest 是由教师设计的在线教学模块，它使学生参与到一个个真实主题或问题的研究中，目的是促进学生批判性思维和知识建构能力的发展。 MiniQuest 学习的基本特点包括：（一）把网络作为主要的学习资源来源，充分利用互联网上的大量信息资源来支持学习；（二）以任务驱动和问题解决作为学习和活动的主线，在问题情境中确定和教授学习策略与技能；（三）强调以学生为主体，依据学生的兴趣、个性和能力，注重学生学习能力的培养；（四）强调合作学习，包括生生合作、师生合作等多种形式。

MiniQuest 本身由情境、任务、成果三个部分组成，三个部分作为一个整体为真实的研究提供了框架，该框架引导学生带着特定的目的，利用专门的网络资源，回答有意义的问题，从而促进学生批判性思维和知识建构能力的发展。其流程图如下：

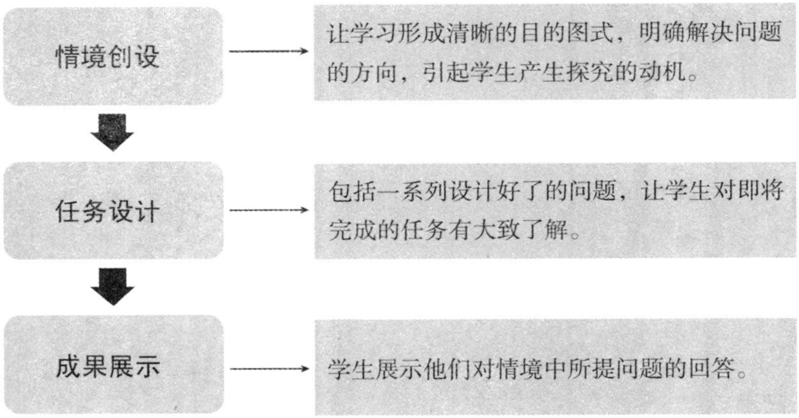

图 14　MiniQuest 流程图

例如《再造中日甲午战争》一课，要研究的问题是：如果甲午海战的结果与历史事实相反，今天的中日关系会是什么状况？依照 MiniQuest 的要求，可以设计如下教学流程（它由情境创设、任务设计、成果展示三部分构成，同时还提供了网络资源及相应的评价标准）。

首先，带学生进入虚拟情境：随着历史的足迹回到 1894 年，决定改变一下中日甲午战争的历史——促使学生重新构建一个与事实完全相反的情境。

其次是任务设计，如让学生回答：中日甲午战争的原因是什么？在战争中发生了哪些重大事件？这些问题的答案是回答本质问题所需的事实信息，有助于学生调取真实的历史背景，从而采用批判性思维去重新构建如下情境：假如中日甲午战争的结果与历史事实相反，今天的两国关系将会是怎样的一种状况？学习过程以小组合作探究为主，但也鼓励个人独立探究。

接着是成果展示，学生以小组或是个人的方式组织论文并建立网页。

最后，教师针对内容、结构、表现力、图表等方面对学生提交的网页进行评价。

翻转课堂可以借鉴 MiniQuest 学习方式，加强课程整合，积极开展单元教学、主题教学、项目式学习等教学方式，充分利用网络教学平台和各种 APP 等技术，促进学生主动学习、主动探究。

根据在课程单元内所处的位置，MiniQuest 可以分为发现型 MiniQuest（开始）、探索型 MiniQuest（中间）和终极型 MiniQuest（结束）。发现型 MiniQuest 用来引导学生进入一个特定的课程单元；探索型 MiniQuest 涉及概念理解或课程目标所必需知识内容的获取，它可以与发现型 MiniQuest 结合起来，也可以单独运用；终极型 MiniQuest 要求学生运用其他类型学习，或从另外一些传统教学方式中获得信息，由于拥有更厚实的知识基础，学生应该能在这期间回答一些更为深入（本质）的问题。根据所处学习过程的位置，翻转课堂的微课也可以划分为类似意义的三种类型。

四十八、实践翻转课堂教学模式需要注意哪些问题?

（一）教师要有坚定的教育改革信念作为支撑。如果教师在“分数至上”的教育环境中，受已经形成了的固定教学范式和习惯影响而不愿意去改变的话，一切教学改革包括翻转课堂实践都会半途而废。作为一名教育者，教师应当有一种使命感，这种使命感不仅仅局限于学生学习成绩的提高，而更应该着眼于学生的终生持续发展。站在更高的角度上，则应当与民族素质的提高和国家的兴旺密切结合起来，也就是说，教师的教学是有关民族复兴和国家强大的大事。一位教师要有这样的境界，才能自觉地学习和践行包括翻转课堂在内的先进教学模式，从而全方位地提高学生的素质。

（二）明确提供课前资源的必要性。翻转课堂实践中，学生在课堂上开展交流合作，是基于前期的充分准备和投入的，这也符合“学会学习”的教育理念。教师要给学生提供课前资源包，课前资源包不能只是微课这一种资源形式，它要包括微课、导学设计（或学习任务单、自测题）等。另外，微课时长不能太长，5~8 分钟即可，否则会增加学生的负担，因为学生一般没有太多时间和精力去看冗长的视频。

（三）必须解决好“课前导学”与“课堂指导”的结合问题。教师可以把学生在课前学习中遇到的困惑以及出现的典型错误等，以截图的方式“原生态”呈现在课堂中，即把学生存在的问题转化成课堂教学资源。这是一种把“课前导学”呈现在课堂中的巧妙方式。

（四）翻转课堂的最佳课堂组织形式，是分组合作学习。而分组合作学习的成效，取决于小组文化的建设。要注意小组成员的互补搭配、小组团队精神的激发、小组积极上进文化的形成，最大限度地避免小组成员在学习活动中“搭便车”的现象，减小学生学习的“两极”分化。

（五）翻转课堂的教学内容与教学进程，转化成“活动设计”才更有智慧含量，才更吸引学生投入兴趣学习，从而有助于学生在探究活动中有所发现和领悟。

（六）理性看待教学策略的选择。没有一种策略是万能的、绝对可靠的，因此，并非每个学科每一节课都要“翻转”一下。但也不要以学科存在差异性等为借口而不去实践翻转课堂，否则无疑是缺乏探索勇气的表现，容易错失时代给予的机遇。只有实实在在地做了，再来探讨翻转课堂的利与弊，才是客观求实的态度。

（七）必要的信息技术介入。具体阐述见本书问题四十九。

四十九、技术能给翻转课堂提供哪些支持?

实践翻转课堂至关重要的一点是，在树立“技术支持学习”的观念和研究混合式学习理论的基础上，将技术融入教学过程，使学生的学习方式乃至学习内容发生重大变革，使学习成效产生较大的飞跃。应用于教学过程的技术，既包括有形的硬件和软件“物化技术”，如以多媒体计算机技术和网络通信技术为核心的物化技术形态；也包括无形的“智能技术”，如学习过程和环境设计策略、学习活动、技巧和方法等。关于技术对变革学习方式的作用，人们已有许多理论假设和实证研究，比如技术有助于培植、创设和维护新型的学习生态环境，有益于促进学习者的有效学习，有利于引发和支持教育变革等。

技术支持翻转课堂的最直接体现是微课的应用。微课等信息技术的应用是翻转课堂产生和发展的前提条件。国外最早进行的翻转教学实践探索无不以教师制作微课与学生在课前观看微课为基本手段。毫无疑问，微课的应用是翻转课堂最具特色的标杆性要素之一。制作和观看微课是翻转课堂得以推广的基本前提。但是，信息技术对课堂教学的支持不能仅限于微课的应用，也就是说不能窄化信息技术对课堂的变革作用。微课的应用只是翻转课堂应用技术的一种形式和初级阶段。随着各种新技术的发展及其在教学中的应用，“技术支持学习”将体现在教学系统的各个要素、教学活动的各个环节，体现在技术支持和应用的各个方面。要想正确、有效地进行翻转课堂实践，必须树立基于技术学习的观念，或者说正确的技术应用观念。

随着人们对翻转教学认识的不断提高，信息技术与教学融合的不断深化，技术对翻转课堂的支撑作用和翻转课堂对技术的依赖程度都在不断加强，仅就翻转课堂技术平台的开发应用来说，在微课应用的基础上，还会出现微课教学平台、智慧学习平台、网络学习社区、个性化网络学习空间、智慧教室等多种模式。其发展趋势：从单一的教学视频向互动学习资源转变，从单一学习工具向学习社区、网络学习空间拓展，从教学支撑平台建设转向有意义的学习环境构建，技术平台呈现互动化、社区化、泛在化、智能化等特点。

五十、实践翻转课堂的过程中，怎样保证信息技术与学科教学的深度融合?

长期以来，信息化教学遵循的是“learn from IT”（从信息技术中学习）的信息技术应用观，即客观主义的技术应用观。这种观念下，信息技术的作用就是将知识传递给学生，这种传递方式实现了从“人灌”到“电灌”。如何改变这种状况，尤其是避免在实践翻转课堂的过程中被信息技术“绑架”，就必须正确认识信息技术在教学中的作用，树立正确的技术应用观。教学媒体既可以是辅助教师教的演示工具，也可以是促进学生自主学习的认知工具与情感激励工具。信息技术的真正作用在于充当学生建构知识的工具，以促使学生形成建构知识的能力。学生通过使用信息技术工具来发展高阶能力，遵循“learn with IT”（用信息技术学习）信息技术应用观，此为建构主义技术应用观。只有树立这样的观念，才能有效促进信息技术与学科教学的深度融合。

信息技术与学科教学融合的基本思路应是应用驱动：一方面要着眼于解决课堂教学改革中的问题，在教与学的“主战场”开展应用，这种应用应该是师生广泛参与的日常教学活动，应该贯穿于教学过程的始终，应该是对既有教学方法的改造与提升；另一方面要在课堂教学改革中不断提出新的应用设想并实现新的应用，也就是要从课堂教学的目标要求和学生的需求出发，促进信息技术在教学中的应用以及教学模式和学习方式的变革。例如，一位地理教师进行了如下设计，让学生在动手体验中学习台风的时空分布规律，较好地体现了信息技术与学科教学深度融合的思想：

1. 教师用 Windows 系统自带的“画图”工具打开事先准备好的“中国政区图”，同时把 WORD 文档“2004 年、2005 年台风在我国登陆的地点和时间表”打开；

2. 请一名学生到讲台上，用“画图”软件中的“椭圆”工具在教师事先打开的“中国政区图”上，标出台风登陆的位置，并归纳我国台风登陆的地理分布特点。

3. 教师打开“2004 年台风路径图”“2005 年台风路径图”，结合前面学生标出台风登陆位置的“中国政区图”，进一步讲解我国台风登陆的地理分布特点。

4. 再请另外一名学生到讲台上，在“2004 年、2005 年台风在我国登陆的地点和时间表”WORD 文档中，执行“插入——图片——图表”命令，制作“2004—2005 年登陆我国的台风月度频次分布图”，并归纳我国台风登陆的季节分布特点。

信息技术进入课堂，发挥的主要功能是拓展课堂的广度、深度和参与度，其中广度和参与度是为深度做准备的。没有深度，翻转课堂只是作秀。

五十一、如何保证学生在课前阶段的学习效果？

从知识内化上看，翻转课堂的深化发展体现了认知过程的“递进式内化原理”。

哈佛大学教授埃里克·马祖尔在 20 世纪 90 年代进行的教学研究中，创立了同伴教学法。他认为，学习分为两个步骤，首先是知识的传递，其次是知识的吸收内化。过去教学只重视学习过程的第一步“知识的传递”，忽略了第二步“知识的吸收内化”，这会导致翻转课堂的教学效益不高。他还发现，计算机辅助教学可以帮助完成“知识的传递”这一步骤。

中央电教馆副研究员赵兴龙博士对翻转课堂的知识内化机理进行了较深入的研究。他认为，在实际的课堂教学中，一个概念的学习，仅通过一次内化是远远不够的，必须经过多次内化、多个情境的应用才能达到熟练掌握的程度。翻转课堂的全过程实质上从观看微课环节和问题解决环节完成了两次知识内化。

还有的学者认为，翻转课堂中知识内化的全过程，尤其是那种复杂的、非良构的、不能自发建立知识概念的内化，通常需要“课前”“课中”“课后”三次内化来完成：一是课前观看微课环节，教师在学生已有知识经验的基础上制作好微课并提前提供给学生，由学生在家或自习课观看微课和学习互联网上的相关资源，并通过各种方式进行反馈，将不懂的知识甄别出来，这是翻转教学的第一次知识内化，学生在此环节形成知识的基本概念；二是课中学习环节，教师针对重点、难点或学生不懂的问题，通过建立学习小组进行协作探究，指导学生互动讨论，鼓励学生积极参与解决这些问题，这是翻转教学的第二次知识内化，这一环节中学生对概念的认识及知识的内化经过了互动讨论，故记忆一般比较深刻；三是课后复习环节，学生在前两个环节学习的基础上，在课后依据自己的兴趣，结合实际问题进行实践操作或拓展学习，或针对自己仍然存在的疑惑与不足进行个性化、针对性复习，如观看教师提供的习题课微课、考试讲评课微课、内容拓展微课等，解决自己感兴趣的实际问题，这是翻转教学的第三次知识内化，因为已有前两次内化的基础，课后复习是对知识的深化和拓展。通过三次递进式内化，学生学习效果将更加巩固、稳定，从而实现对知识的真正掌握。山东省昌乐一中的翻转课堂为了保证学生自主学习的效果，在“自学质疑”阶段促使学生完成了三次对知识的加工，对应的三个环节分别是“教材自学”“微课助学”“合作互学”。

为了使学生巩固自学的效果，要指导学生在“自学质疑”阶段做到：

（一）安排时间用于记录和反思所学到的东西。写作会强制人们从长期记忆中重新获取重要的细节。山东省昌乐一中的“自学质疑学案”最后均有“留白”：让学生在完成自学教材、在线测试之后进行反思，并把反思记在学案上；学生也可以将学习感悟上传至网络教学平台上与老师和同学交流。

（二）找到主动应用知识和技能的途径。即要将学到的东西应用到自己选择的学习项目中。山东省昌乐一中对“自学质疑”阶段学生的学习过程安排即符合“学即用”的原则：“教材自学”“微课助学”“合作互学”都是“学”的过程，而后面的“在线测学”则是“用”的过程。并且，“在线测学”的题目必须与学习目标完全对应且难度适当，这样才能够体现“学”的价值、发挥“用”的作用。

（三）在寻求帮助之前，要先自行解决问题。相比那些来自外部的建议和帮助，学生通过学习和记忆形成的自己的办法和思路更为有效，这一点被称为“生成性效应”。所以，与其他解决途径相比，自行解决问题形成的影响可能更大更长久。但是也要注意一点，自行解决问题的时间不宜过长，知道什么时候寻求帮助同样也是一项重要的学习技巧。山东省昌乐一中强调在“自学质疑”阶段学生先进行“教材自学”，在遇到问题的时候再进行“微课助学”，如果还有解决不了的问题，再进行“合作互学”，通过这一系列安排增强学生自学的效果。

（四）讲解给他人听。如果一个学生想出了一个新的解题方法或者思路，要创造条件及时讲解给其他同学听。主动这样做不但会加深印象，而且往往会获得新的想法，并能够使别人更好地理解自己的想法。现实中经常出现的情景是，学生在讲解的过程中暴露出一些逻辑或知识上的漏洞，在获得同学的帮助后弥补了漏洞，提升了自己。山东省昌乐一中翻转课堂的“合作互学”环节就为学生创造了这样的机会。

（五）不要对自己太“苛刻”，每次学习的内容不宜过多。深陷多个学习项目和过多内容，可能导致自己无法在任何一项上取得有效进展。“填鸭式”学习模式经常会造成学生没有时间和精力消化知识，这是应当极力避免的学习模式。学生要把自己的学习划分为不同层次，按部就班地学习。山东省昌乐一中的学案针对不同学生的不同水平进行了分层设计，要求每一名学生应当有“自知之明”，在完成符合自身水平的学习内容之后，再向更高层次发起冲击，不能眼高手低、好高骛远。

五十二、在指导学生提高自学能力方面应该注意哪些问题？

自学是学生获取知识的重要途径，培养并提高学生的自学能力是实践翻转课堂必须迈过的一个“坎儿”。

首先，要培养学生在学习中的耐心。进行充分的自学需要主动性和连续性，学生应该注意统筹规划，按照先易后难、由浅入深的原则安排学习内容；同时应该明白，学习是一项巨大而繁杂的工程，绝不是一蹴而就的事，需要具备足够的耐心。浅尝辄止、一曝十寒和见异思迁是自学之大忌，是难有所成的。教师可以通过让学生做一些精细的手工制作，考验和培养学生的耐心和耐性。

其次，要指导学生提高自我监控、自我管理的能力。让每一名学生制订每一天、每一周、每一月的自学计划，并且按照计划严格落实，教师作为督促者不断检查，长此以往可以提高学生的自我监管水平。

再次，要指导学生利用一切可以利用的资源进行自学。一些课外学习资源，例如图书馆、互联网的学习资源，往往更能调动学生的自学兴趣。如今，能帮助学生学习的电脑软件多如繁星，利用电脑检索、储存、提取资料等都十分方便快捷。翻转课堂视域下的自主学习更应该重视这方面的作用。

最后，在翻转课堂实践中，不要把“课下”和“课上”两个学习时空完全对立起来，在指导学生学习方面二者具有相似性。只要教师在“课上”教会了学生学习，学生就不会在“课下”陷于茫然不知所措的境地。

五十三、实践翻转课堂需要对学生进行哪些针对性培训？

教学包括教和学两个方面。翻转课堂作为一种新的教学模式，更重视学生的自学，因此要让学生知晓关于教学的一切，以便与教师进行密切的配合，从而收到更好的学习效果。翻转课堂的每一个教学环节都应该配上相应的学生培训，尤其是在低年级，学生刚刚接触翻转课堂这种新的教学模式的时候，每一位教师、每一节课都要贯穿培训的原则，让学生尽快适应这种新的教学模式。山东省昌乐一中在这方面的培训原则是“授人以渔”：教会学生学习或者组织学习的方法，并且不是给个别学生“开小灶”。

（一）针对“自学质疑”阶段的培训

翻转课堂把教师主导的课堂讲授变成了学生按照自己的步调进行个性化学习。但是，学生的学习习惯不是一朝一夕就能形成的，已经习惯了教师主导课堂的学生，对自主学习的掌控一般不是很到位，存在学习的盲目性。为了提高学生的自学效率，必须在课前对学生进行有关如何自主学习的培训。针对这个阶段的培训主要包括三个方面，以山东省昌乐一中的教学模式为例说明：

第一方面是科代表如何组织“自学质疑”课。在传统课堂中，类似阶段的学习时间基本上完全受教师支配和掌控，学生在自学方面的能力没有得到充分锻炼。为了提高课堂效率，必须对“自学质疑”阶段的组织者——科代表进行系统的培训。山东省昌乐一中在这方面的培训主要包括以下三个方面的若干细节：①如何导入课堂；②如何解读学习目标；③怎样组织学习。

图 15　学生进行目标导学的展示

第二方面是对学生如何进行自主学习的指导培训。在传统课堂中，所有的学生都是按照一个步调进行学习的。在实践翻转课堂之初，学生极有可能还是按照统一的环节和步骤进行学习，学生的这种做法会导致课堂学习效率的低效化。为了改变这种状况，教师们对学生进行了指导：学生可以根据自己的实际情况规划读教材、完成学案和看微课的先后顺序。而在实施过程中，教师们发现学生根本“不会”阅读教材，为此他们根据学生提出的问题，有针对性地开发了“如何阅读教材”系列培训微课，对教材的阅读方法进行了系统指导。

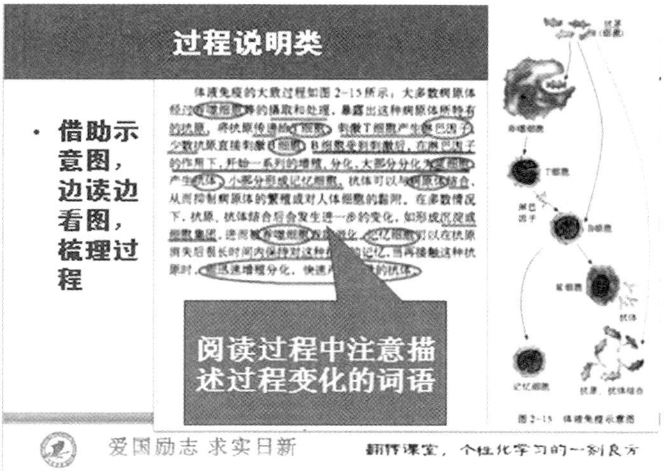

图 16 生物教材阅读培训材料示例（一）

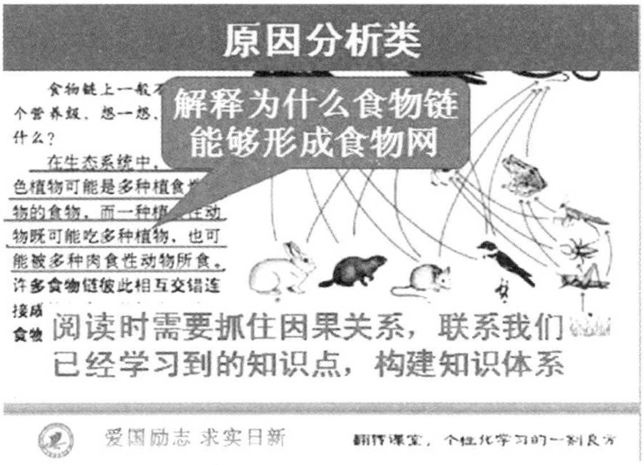

图 17 生物教材阅读培训材料示例（二）

第三方面是对“自学质疑”阶段准备学习用品的培训。在实践初期，教师们发现学生的学习用品（包括平板电脑）准备得很混乱，很多学生是需要什么才去临时准备什么。例如平板电脑的使用，很多学生是要使用时才想起取出来、开机、打开网络教学平台网页、整理耳机，统计发现，仅此一项学生就能浪费 2~5 分钟时间。为此，教师们针对课前如何准备学习用品对学生进行了专门的培训，开展了系列评比活动，大大提高了学生的学习效率。

（二）针对“训练展示”阶段的培训

实践初期，有些学生在展示和点评过程中，思维凌乱，语言也很啰嗦，浪费时间现象严重，这打击了很多同学倾听的耐心。为了提高效率，教师们针对这个问题，对学生做了相应的培训（如图 18 所示）。

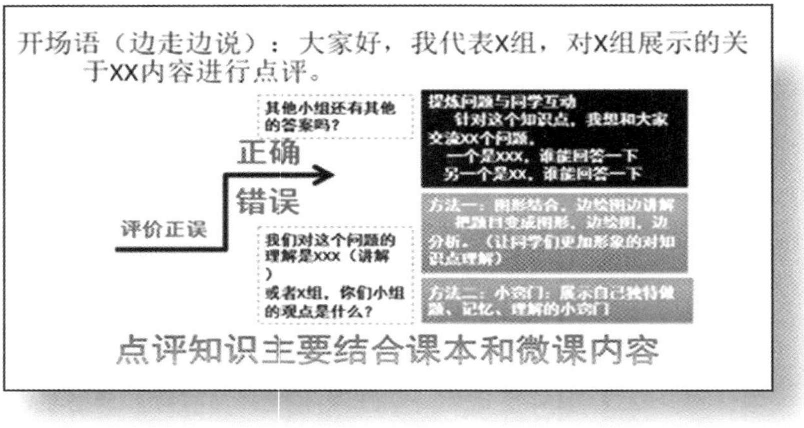

图 18　点评的操作步骤示意图

通过上述培训，学生掌握了自主学习的一些方法，为高效进行课堂翻转提供了必要的保障。

五十四、如何组建学生合作学习小组以便开展合作学习?

合作学习是翻转课堂教学模式中解决疑难问题的重要方式，其效果会直接影响到训练展示时学生能否运用所学知识顺利解决问题。合作学习还能够很好地培养学生的合作能力和学习能力。

合作学习小组可以这样划分：每组 6 人或者 4 人，按照学生的知识基础、心理特征、性格特点、兴趣爱好、学习能力、家庭情况等分为 A、B、C 三类。例如，6 人形成 AA、BB、CC 的组内成员结构。A 类学生我们可称作特优生，B 类学生可称作优秀生，C 类学生可称作待优生。小组合作时要求先“同质”后“异质”。具体的操作为：（1）A 对 A、B 对 B、C 对 C 进行合作交流，使学习速度不同的学生都能够交流，并且不会造成不同质学生的相互干扰，且具有明确的针对性；（2）待同质学生交流完毕后，再实行 A 教 B、B 教 C，使每个人都能实现达到“最近发展区”水平的学习目标。这样的过程，提供了 A 与 A、B 与 B、C 与 C 交流合作的条件，又有利于 A 帮 B、B 帮 C，充分利用了学生间的差异化资源，能进一步优化班内、组内学生的最优学习环境，达到共同进步的目的。

山东省昌乐一中的合作学习小组不是班级统一划分的固定的小组，而是各任课教师结合学生的学科水平、性别和性格特征等进行合理搭配划分的，适合本学科的小组合作学习。并且，小组的构成是动态变化的，这种动态变化主要表现在两个方面：一是阶段性调整。经过一段时间的学习，学生的学习成绩可能会发生较大的变化，这时教师就要对小组的人员构成进行调整，保证小组合作更有效。二是任务型调整。面对不同的学习任务，学生们根据自己的实际情况进行认领，任务相同的学生就可以组成一个临时性学习小组。这种学习小组比上一种学习小组的构成变化更大，但这种小组内的学生具有相同的学习兴趣和学习任务，发生合作的驱动力更强。

五十五、如何提高学生的质疑能力？

只有真正的学习才能产生真正的疑问。质疑应该是自然而然发生的，需要学生具备发问的勇气。

从翻转课堂的操作流程来看，问题的产生有两个来源：一是内化知识时产生的问题，二是小组合作解决问题的同时产生的新问题。要给学生充足的学习时间以找出自己难以理解的问题。

（一）对于如何质疑，要对学生进行培训。学生提出的问题中，很多问题设问角度非常笼统，没有针对性，对于解答者而言很难抓到要点。所以，要从质疑时如何抓住质疑点、怎样让自己的表述更有效等方面对学生进行培训。例如，地理学科可通过层层深入的“三步训练法”让学生主动提出问题：

1. 教师提问题，学生来回答

学生阅读教材加工信息的时候，可能仅仅限于编码记忆，不能生成更深层次的问题。学生提出问题既是一种习惯，也是一种能力，需要教师的培养。学生最习惯的就是由教师提出问题，然后自己寻找答案。帮助学生提出问题，首先要从帮助他们学会回答问题开始。回答问题的过程就是输出编码记忆结果的过程，反过来更能加强记忆的效果。做法是：教师提出相互有关联的问题链，学生首先自己阅读教材，尝试找出问题的答案，然后进行小组合作交流，统一对问题的认识，最后再由各个小组展示不同问题的答案。事实证明，这种方式在课堂上进行得最为顺畅。

2. 学生提问题，自己找答案

经过第一步的训练，学生逐渐熟悉了提出问题的技巧，譬如怎样设问、怎样寻找问题的激发点等，这时教师就可以让学生自己提出问题了。做法是：每一名学生阅读教材，记录发现的问题，并把问题的答案整理出来。各学习小组交流讨论，主要解决共性问题并梳理个性问题，剔除设问不科学的问题，通过讨论确定认为最合理的问题。然后每个小组选派代表向全班展示成果。这种形式在一定的程度上摒弃了学生被动找答案、被问题牵着鼻子走的弊端。在实际操作中存在的问题是，为了不重复提问题，排序越靠后的展示小组提出问题的难度越大，但这也是一种挑战，会进一步激发学生寻找问题的热情。

3. 学生找问题，异组大 PK

为了提高问题的质量，还要适当开展小组间的竞争和合作。做法是：以小组为单位，通过阅读和理解教材，找出隐含的问题，然后进行小组之间的相互问答。要求对每个问题进行三次追问，并且每个小组都可以参加追问。这种小组间竞争机制的建立，能帮助学生大大增强发现问题的能力，提高提问的技巧。

（二）保护学生的质疑能力。长期以来，在传统课堂中，学生的质疑能力缺失比较严重，学生提出自己的疑问需要很大的勇气。不管问题如何，学生提出自己的疑问就比保持沉默要好很多。要使学生提问变得常态化，教师要对学生质疑给予保护。教师对学生质疑的保护有三：给予肯定，保持良好的开始；给予指导，让质疑者得到提高；给予表扬，形成质疑的氛围。

（三）为了形成浓厚的质疑氛围，可以把学生在课堂上的质疑情况纳入对学生的量化评价。针对各小组提出问题和回答问题的数量、质量进行评价，让学生真正看到提出问题产生的效果，从而让更多的孩子参与进质疑的环境中来。

五十六、如何培养学生的合作学习能力？

合作学习是翻转课堂的重要学习方式之一。根据其内涵可以把合作学习能力分解为四项能力：

1. 学会倾听。倾听是合作学习的重要环节，是互相交流的基础条件。认真专注地倾听既是一种良好的学习品质，也体现了对他人的尊重。学生要学会倾听老师的提问，倾听同学的发言；要倾听操作要点，也要倾听小组分工要求；要倾听顺耳之言，也要倾听逆耳之言。

2. 学会表达。语言表达是人与人交往和互动的媒介，也是个人交际能力的重要指标。合作学习需要每个成员清楚地表达自己的想法，互相了解对方的观点。

3. 学会讨论。讨论是合作学习解决问题的关键。每个成员表达自己的想法后，针对有不一致之处进行讨论，大家互相解疑释惑，形成解决问题的方案，最终达成共同的学习目标。

4. 学会评价。评价也是一种学习能力。学生不仅可以自我评价，促进自我反思能力的提高，也可以评价他人，通过评价他人，进一步反思自我，完善自我，发展自我。

也就是说，只要具备了这四项能力，也就具备了合作学习的能力。结合翻转课堂实践，可以从以下几个方面培养学生的合作学习能力。

1. 选择合适的时机，创设情境，激发学生合作的欲望。合作是一种需要，而不应该是一种命令。不是教师的一声令下，学生便开始所谓的合作交流。这种“合作”根本没有考虑学生是否有合作的欲望，使得合作学习无目标、无动力，收不到实质性效果。教师要学会巧设合作情境，来激发学生的合作兴趣。因为兴趣是促学的动力，是成功的驱动力。设计靠近学生的“最近发展区”的问题，并告诉学生，当一个人不能完成某项任务时，可以求助其他同学，即让学生懂得通过合作可以完成个体无法完成的任务，体会合作学习的优势，尝到合作学习的“甜头”，以此来点燃学生合作探究的欲望，使他们乐于与同学合作。

2. 营造气氛，培养探究精神。翻转课堂要培养学生在学习过程中主动探究的精神。所以，教师在课堂中应注意营造探究的氛围，鼓励学生独立思考、合作讨论、共同探究，体会合作学习知识的乐趣。例如：

在学习“圆锥的体积”相关知识时，可先让学生分组实验，并讨论关于圆锥的体积可以研究哪些问题，怎样进行研究。学生讨论后可能说出许多想要了解的问题：“圆锥的体积大小与它的高度和底面积有什么关系？”“圆柱的体积与圆锥的体积有什么关系？”等等。研究的方法学生也可能想出许多：先找到圆柱与圆锥的关系，再研究圆锥的体积；把一个实圆锥的体积平均分割成若干份，再拼成一个自己学过的几何体，然后推算出圆锥的体积，等等。在这一过程中，每一名学生都充分发挥自己的作用，为小组献计献策，当他们有机会代表小组进行汇报时，他们的脸上往往会流露出自豪的表情。

3. 开展小组评比，激励学生合作。小组合作学习虽然有利于培养学生的集体意识和合作精神，但如果组织不当，就很容易出现学生拉大差距的现象：学习好的学生始终唱主角，后进生总在听别人说。所以，开展小组评比活动、给小组打分是激励每一个学生都积极参与活动的好办法。课堂上可以采取比一比哪一组的“合作最好”这一激励方式。在合作交流探讨中，哪一组合作讨论得最激烈、最快得出结果、汇报得最合理，就给哪一组奖励一颗“合作之星”；讲得不完整的同学可请组内的其他同学帮忙，答对了同样奖励一颗“合作之星”。等到下课前的几分钟进行小结，看哪一组的“合作之星”最多，哪一组就是这一节课的“最佳合作小组”。

五十七、翻转课堂教学模式下作业减少了，能保证教学质量吗?

翻转课堂的作业要求学生在课堂内完成，作业的内容由“检查知识点”转变为“综合应用知识点”，改变了过去“题海战”的作业模式。作业量的减少会不会影响教学质量？其实，教学质量的高低取决于作业的“质”而不是作业的“量”。提高作业的“质”应当成为翻转课堂作业的着力点。

关系框架理论认为，人类是通过各种关系的习得来理解这个世界的。关系的建立包括两大类：推衍关系反应和任意适应的关系反应。推衍关系反应指的是两个或多个刺激之间不经过训练或者学习就能形成关系。这种关系反应的形成经过两个阶段：相互推衍和联合推衍。而建立相互推衍关系最基本的方式就是多范例训练。何为多范例训练呢？简单而言，就是通过多次的“反应—强化”方式，习得某种行为或者关系反应模式。“题海战”所依据的就是这样的原理。学生做习题就是一个反应的过程，而教师的批改和讲解就是一个给予强化的过程。学生就是通过这样的方式去掌握一个知识点的。

相互推衍建立的是 A 与 B 之间的关系，而推衍关系的另一个阶段——联合推衍建立的则是 A 、B 和 C 三者之间的关系。研究发现，正常儿童在建立了相互推衍之后，能自发形成联合推衍的能力。在现实生活中，具备较好的联合推衍能力是很重要的。往往拥有较好联合推衍能力的人能更快、更好地解决问题。

翻转课堂就强调学生联合推衍能力的培养。“检查知识点”就是在检测相互推衍关系是否建立，而“综合应用知识点”则是在检测联合推衍关系是否建立。知识的基本关系就只有那么几种：相等关系、相反关系、层级关系、时间关系和空间关系等。复杂的知识无非是多种关系的嵌套。最好的学习方式是熟练地掌握最基本的关系，学会解决关系嵌套情况下的问题。万变不离其宗，这样的学习会更高效、更轻松。

五十八、如何让翻转课堂真正动起来？

受传统文化和教育方式的影响，我国的课堂一般比较沉闷，甚至包括一些学校的翻转课堂在内。如何让学生愉快地参与到教学中，让翻转课堂真正动起来？可以从以下五个方面入手。

（一）提问题

提问题、回答问题可以说是课堂上最常用的互动方式。若学生提不出问题，教师可以科学、巧妙地设计问题。通过提问题，教师可以检查学生对知识的掌握情况，了解到学生有没有跟上学习进度，还可以激发学生的学习兴趣，让学生保持注意力，增进互动，可谓好处多多。好的问题可以启发学生思考，促使学生主动寻找答案，从而掌握知识。因此，教师在课堂中要注意提那些有启发性的、有质量的问题，并且要注意辐射面，既抓住“点”又照顾到“面”，以点代面：既要让成绩好的学生回答，也要让成绩中等和成绩较差的学生能发言，充分调动各类学生思考的积极性。

（二）做调查

调查是一种极好的增进课堂互动的方式。通过调查，教师可以了解到学生的学习情况、喜好情况。例如，让学生就某个问题举手表决，就是调查。可是要数多少人举手，多少人没举，总是要花时间的，更别说还想知道谁真的懂、谁真的不懂，谁可能是半懂不懂了……那怎么办呢？教师可以借助一些互联网工具，来解决这些问题。像问卷星、投票吧都是不错的投票平台，可以现场投票，实时反馈结果。把投票链接做成二维码，学生可以用移动终端扫一扫然后填问卷，结果马上呈现。

（三）讲故事

“科学家的故事比科学本身要精彩。”一个好的故事能够吸引人的注意力，让人回味无穷。教师将枯燥的教学内容转化成故事，深入浅出、化繁为简、喜闻乐见，有助于吸引学生的注意力，激发学生听课的兴趣，启发学生思考。教师要引导学生在听故事的同时领悟其中蕴含的道理、掌握其中的技术。当然，故事要讲得好，是需要设计的。平铺直叙怕是难以使学生持续关注。如果在讲故事的过程中，设点悬念，加点问题，时不时吊吊学生的胃口，让学生在听故事时还能有所思考，可事半功倍。这一点对微课的设计和学案的编制都有重要的启迪意义。

（四）做活动

教师和学生一起在课堂上做活动也是一种非常好的互动方式。学生参与到活动中，他们的听觉、视觉、空间知觉、触觉等各种感觉能在大脑指挥下协同活动，从而获取知识，提升能力，寓教于乐，何乐而不为？和学生一起做“诗词大赛”、词语接龙等游戏，一起唱歌，都是不错的活动形式。在翻转课堂中，展示的方式应该丰富多彩，以活动的方式进行展示效果会更佳。

（五）组织小组学习

小组学习可以说是现在最重要的课堂活动形式之一，也是翻转课堂的必备要素。学生可以在小组的对话与交流中产生新的想法和做法。小组学习的形式有很多，小组讨论、合作完成任务、组间竞争、辩论、角色扮演都是很好的形式。小组学习能提升学生的参与度，加深学生对学习内容的理解。“互联网 +”时代，我们还可以利用网络教学平台丰富小组学习形式，增加互动的广度和深度。

五十九、翻转课堂教学模式如何先“继承”后“发展”？

有学者以达成课程目标和完成教学任务为共同前提，以教学时间为标志，做课堂教学效率的分析，得出下表所示结论：

表 7　课堂模式的教学效率分析

模式	课前	课后	特点
1	无预习	无作业	无前无后（当堂完成）
2	无预习	有作业	无前有后
3	有预习（先学）	无作业	超前断后
4	有预习（先学）	有作业	超前留后

第一种模式没有课前的预习，没有课后的作业，完全当堂任务当堂完成，教学效率、效益最高，完全把学生从繁重的作业堆中解放了出来，是我们追求的目标和改革的方向。第二种模式是传统的常规模式，无预习有作业，其效益要看课后作业的多少和质量的高低，要通过提高课堂效率，逐步把课后作业移到课堂，当堂完成。第三种模式是当前课堂教学改革的一种常见模式，课前“先学”（当然这也是一种作业），其效益关键看课前先学的时间，要通过培养学生的自学能力，逐步把“先学”也放在课堂进行。翻转课堂就属于这种模式。第四种模式把整个教学过程分为三段，既有预习又有作业，不仅没有减轻学生的负担，反倒加重了学生的负担，当然负担的量取决于课前预习和课后作业内容的多少。在改革初期，第四种模式作为一种过渡模式，有它存在的必要性，但一定要通过改革做到不超前不留后。

从学校层面上看，翻转课堂教学模式发展的较佳路径是：三段→两段→一段。伴随着这个过程，教学的效率、效益越来越高，学生的被动课业负担不断减轻，学生可以腾出更多的自由时间开展个性化学习，发展自己的特长。教学效率、效益的提高应该说来自两个方面，一是教学环节的不断优化，减少了时间的浪费；二是现代教育技术的普及，无所不在的移动网络和移动学习终端，使具有移动性的碎片式学习成为可能，学生时时能学，处处可学，学习的场所不再仅仅限于课堂。

从教师个人层面上看，应该吃透翻转课堂的内在精神，在遵循基本教学模式并熟练操作的基础上，结合自身的教学风格和学科特点，创新教学模式。坚决反对在对翻转课堂的基本理念还没有理解、基本教学流程还没有掌握的情况下就去“创新”，那样很容易走到传统课堂教学的老路上去。

FLIPPED CLASS MODEL

第三章

平台篇

六十、实践翻转课堂是否需要网络教学平台的支撑？

建构主义学习理论认为，学习者习得知识应该是他们在与环境的交互作用中自行建构的，而不是灌输的。学习必须处于丰富的情境中，学习发生的最佳情境不应该是简单、抽象的，相反，只有在真实世界的情境中，学习才能变得更为有效。因此，学习环境的构建非常重要。翻转课堂教学模式下，对学生课前自学的指导与学习情况的跟踪、课堂学习的成果展示、课后练习的补充答疑等，都需要网络教学平台的支撑，因此，我们认为，支持教与学过程的网络教学平台是有效实践翻转课堂的重要前提和保障。

网络教学平台要构建学习的功能模块（如发布、管理、互动和拓展等）与内容模块（如微课、题库、线上学习活动等），实现与现有资源（如校本课程）之间的互联互通、共建共享，既能为教与学提供支撑，又能够记录学生学习的有关数据，为学生提供及时反馈，促使学生主动学习，并实现教师的“一对一”指导。

翻转课堂所需要的网络教学平台，一般研发起来投资大、维护费用高，故不建议学校独自研发。学校可以结合自身特点，采取租赁等形式使用现成的平台；也可以充分利用信息技术手段，构建简单、便捷、易行的网络教学平台，比如QQ平台、微信平台、开源网络建站系统搭建的平台等。选择合适的网络教学平台是提高翻转课堂教学效率的重要因素。

六十一、如何利用 E-Learning 平台实践翻转课堂?

E-Learning 网络教学平台强调用技术来改造和引导教育。有学者阐述"E-Learning 是指主要通过因特网进行的学习与教学活动，它充分利用现代信息技术所提供的、具有全新沟通机制与丰富资源的学习环境，实现一种全新的学习方式"。教师应先对提供给学生的课程资源进行精选,然后将课程资源上传到 E-Learning 平台上,并布置学习任务。教师可以利用 E-Learning 平台上的聊天室、讨论组等功能，针对不同的教学内容及学生的认知水平，选择适当的话题进行讨论。学生在自主学习过程中遇到困难时，可以将问题发布到讨论交流区，与老师和同学进行探讨，使问题及时得到解决。平台的记录功能，能够记录学生的登录情况及学习进度等学习情况。

六十二、如何利用 QQ 平台实践翻转课堂?

QQ 是基于 Internet 的即时交流工具，应用广泛，用户众多，同时在线人数突破 2 亿，其中超过 70% 的用户通过移动智能设备登录。QQ 支持 PC 及移动智能设备的特点为学生的移动学习提供了可能性。QQ 具有人际关系管理功能，不但可以实现个人之间的交流沟通，其群功能还有利于实现合作学习。QQ 邮箱也可以作为交流工具。而对于微课资源，QQ 不仅能实现个人之间的文件传输，还能通过 QQ 群实现文件共享。QQ 群的群视频（既可以分享屏幕又能分享 PPT 演示及涂写）、讨论组等功能支持学生之间的协作学习和资源共享。虽然群文件存储空间对于微课资源来说有限，但是微云可以弥补这一缺憾，且资源浏览便捷。学生可以利用 QQ 日历的事件、备忘录等功能实现对个人学习目标的管理与提醒；还可以利用 QQ 空间记录学习感悟、心得体会及学习总结等，这些资料积累起来不仅是个人学习成长历程全记录，而且还为评价个人学习过程和结果提供了参考。

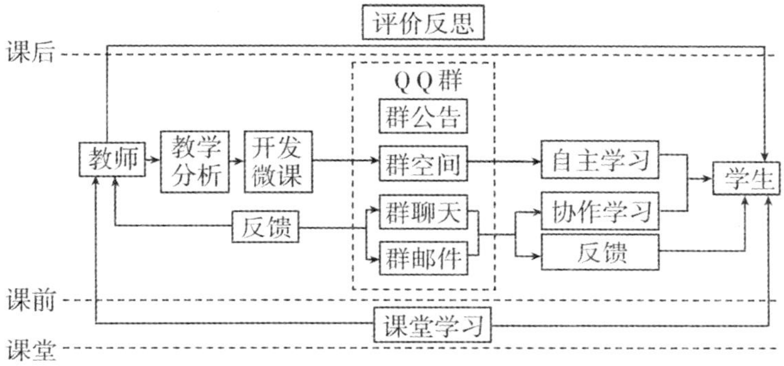

图 19　利用 QQ 平台实践翻转课堂示意图

如图 19 所示，使用 QQ 平台实践翻转课堂，首先要创建一个 QQ 群。师生都以相对统一的标识加入该群，它是师生共有的学习环境，是交流、沟通、获取微课资源、共享学习资源的主要工具，也可以成为教师采用分组教学等教学方法的工具。对于学习环境的构建，教师必须先根据学习的“最近发展区”原理、微课资源的建设要求及原则设计和制作微课，并将这些资源存储到微云中。而后，教师可以通过 QQ 群公告或群消息，发布某个阶段的学习目标及这个阶段的微课分享链接。学生看到公告或消息后，可以先把学习目标和资源保存到自己的学习环境中，接着根据个人的情况确定学习进度，并通过设置备忘录、事件等方式提醒自己学习；学习过程中，先利用微课资源进行自主学习，遇到问题时可以与他人交流或通过群讨论解决问题，并适时反馈学习结果。在此过程中，教师不仅要为学生提供帮助，而且要通过查看聊天记录等方式时时关注学生的学习状况，对于难点可以通过群视频进行 PPT 演示或分享屏幕为学生提供帮助，或适时在课堂上集中解决疑难问题。学生在经历了自主学习、教师辅助学习及解疑释惑后，可以通过查看个人学习经历总结反思，查找不足，实现有效学习。

QQ 是一款即时通信软件。学生在使用 QQ 平台学习的过程中，很容易受到软件的聊天等功能的诱惑，影响学习的效率和效果。另外，QQ 平台对于学生学习情况的分析还存在欠缺，其班级作业功能也在完善中。期待平台功能的进一步丰富和完善给我们的教学带来更多的便利。

六十三、如何利用微信平台实践翻转课堂？

微信也是一款即时通信软件，同样支持 PC 和移动智能终端。微信具有如下特色功能：（1）独特的传播媒介。微信的传播内容体现为图、文、音、影的结合形式，能通过不同组合形式进行各类应用。（2）组论坛功能。微信可以基于“朋友圈”建立相应的讨论小组，针对自己感兴趣的话题，组织用户发起文字讨论、语音讨论及发表评论等，实现随时随地的信息分享与交流。（3）便捷的信息推送。微信构建了全面的基于“账号体系 + 二维码 + 位置服务 + 游戏平台 + 关系链”的线下、线上交流体系，提供了一种“对话即服务，对话即搜索”的新型服务方式，提高了信息传播中的内容相关性、信息时效性与位置空间性。

把微信的点对点与点对面的沟通方式，作为教学的一种辅助方式，能够为教师与学生建立起有效沟通的桥梁，有利于师生之间的情感沟通的加强和教学过程的顺利开展。人们可以通过微信给好友发送文字或语音短信、小视频、图片（包括表情）等。微信还有多人群聊、视频聊天、实时对讲机等功能，这些功能都完全免费，很适合在教学中使用。微信的出现，给基于网络环境的开放教育提供了一个崭新的学习平台。

利用微信平台实践翻转课堂，首先需要学生安装微信程序并注册，然后加入微信群。教师和学生可以在微信群中自由交流，群内成员都可以对学习内容和学习中遇到的问题发表自己的观点，并提出解决问题的方案。与群发短信不同，微信群可以把学生之间的弱关系变为半强关系，因为微信的“朋友圈”相当于在通信功能上叠加了社交网络和自媒体属性，可以促进有共同经历和相同爱好的学生变成朋友，形成圈子。

课前学习阶段，教师可通过微信为学生提供自主学习用的微课和PPT 演示文稿等学习资源。学生完成阅读教材及其他材料、观看微课、在线测试等学习活动。教师在掌握学生学情的基础上，调整课堂教学活动，更有针对性地实施教学。课堂上，教师解决学生课前学习所产生的困惑，引导学生总结和升华所学知识，加深理解。微信的视频聊天和实时对讲机功能方便教师课后在线指导学生。

利用微信平台实践翻转课堂也有其不足：软件的聊天功能、社交性质，很容易使学生在无意中转移注意力；另外，“朋友圈”信息鱼龙混杂，对学生的学习来说是一把双刃剑；微信平台缺少对学生学习的监控和对学生学情的分析，不利于教师对学情的了解；对于教师而言，虽然可以利用碎片化时间批阅作业，但批阅作业的工作量没有从根本上减轻。

六十四、如何利用 Moodle 平台实践翻转课堂？

Moodle 是 Modular Object-Oriented Dynamic Learning Environment（面向对象的动态学习环境）的缩写，它是澳大利亚教师 Martin Dougiamas（马丁·多基马）基于建构主义教育理论而开发的课程管理系统，是免费的开放源代码软件，目前已在世界范围内得到了广泛应用。Moodle具有理念先进、使用方便、兼容性高、免费开源、能全面管理教学过程、资源管理功能强大、交流方式丰富、评价系统实用等特点，是网络课程管理平台的理想开发工具。Moodle平台支持多种类型的课程，具有跟踪分析学习记录、测试题库功能以及讨论、笔记、练习、调查、训练、专题等在线教学功能，能够提供很好的网络教学环境和强大的服务支持。Moodle平台不仅可以免费从互联网上获得，而且由于它是开源系统，用户可以根据需要进行改进。

Moodle为翻转课堂实践提供了很好的网络支撑环境。基于Moodle平台的翻转课堂教学模式如图20所示。

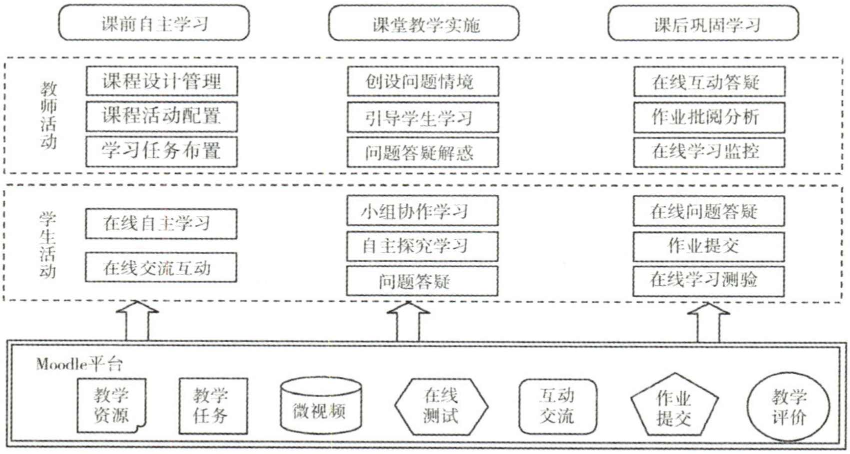

图20 基于Moodle平台的翻转课堂教学模式

在Moodle平台上,教师可为学生布置一个或多个相关的学习任务，学习任务一般由易到难设置，不同层次的学生可以选择不同难易程度的学习任务。学生使用教师提供的教学资源（包括课程学习操作指导文档、课件、案例等）和微视频进行在线自主学习。在线学习测验可以在课前进行，以了解学生存在的问题，也可以在课后进行，了解学生对所学知识点的掌握程度。互动交流模块为师生之间、学生之间的交流互动、答疑解惑提供服务。平台还有课后的作业提交和教学评价模块。总之,教学过程的每个阶段都可以在Moodle平台的支撑下顺利进行。

六十五、山东省昌乐一中的翻转课堂利用的是什么网络教学平台?

山东省昌乐一中所利用的网络教学平台是“创课学堂”(http://www.zgckxt.com)。它是在“阳光微课”平台的基础上融合了翻转课堂教学理念的新一代基础教育网络教学平台。该平台以实践教学理念和服务教学过程为出发点，为学校实践新型教学模式提供稳定、高效的整体化解决方案。

教师可以通过平台发布课程资源，使学生通过目标导学、教材自学、微课助学、合作互学、在线测学、作业检测等一系列学习环节自主完成课程学习。平台还配有完善的奖励机制，以娱乐性方式引导学生积极主动地带着问题去学习,寓教于乐,寓学于乐。课堂教学过程中,学生的训练展示过程和结果可以同屏推送到大屏幕，方便师生及时交流和有效互动。

“创课学堂”平台是以课程体系(目标、微课、指导、交流、评测、评价等环节)为中心的“业务+资源”平台。它通过“章节体系”和“知识点地图”双重框架管理所有课程资源,更加注重学生的学习过程,为教师的监管和过程跟踪提供数据支持，为教学活动提供了一套完整、规范的资源体系，为学生的个性化学习提供了全方位技术支持。

六十六、自主研发翻转课堂网络教学平台需要注意哪些问题?

结合翻转课堂实际教学需要来看，翻转课堂网络教学平台应包括微课教学、课堂练习、评价反馈、互动交流和平台管理五个主要模块,以有效地辅助翻转课堂的实践。学生在教师指导下，利用平台上的微课进行学习，实现知识的获取，并通过完成相应的练习将新获得的知识内化。教师与学生通过互动交流模块及时进行交流沟通。教师利用平台进行与学生学习活动相对应的教学活动，主要包括：利用平台上传微课，设置在线测试；利用平台的后台学情监控功能对学生的学习进行监控管理。平台管理员则拥有平台的最高管理权限：可以对平台基础数据和操作环境进行维护；查看和修改平台范围内的资源信息；保证平台的稳定运行等。

基于翻转课堂教学模式的网络教学平台需要具备以下特征：

（一）具有针对性、合理性和界面友好性

平台应根据教学内容和教学特点设计，要能够满足学科教学需求并与教学进度配合。在网页的设计中应充分考虑学生的心理特点，适当加入一些小的 Flash 动画，增添页面活力，以便更好地为学生创设学习情境，激发学生的学习兴趣。

（二）突出学生的主体地位，具有交互性

在平台设计中，要增加学生对教师和微课的评价功能；设置展示学生学习成果的专区，让学生有更多展示自我的空间。另外，还要重视平台的交互功能设计：平台不仅要重视微课、在线测试、讨论区的交互设计，而且应该加强针对师生间、学生间交流的交互功能（如同屏传输、录音录像等）设计。

（三）能够促使学生及时进行复习巩固

学生常会因缺乏自主学习能力或自觉意识而忽略知识的复习巩固。平台应提供在线测试功能，以便学生在学习完课程之后及时进行测评反馈，以帮助教师及时了解学生的学习情况，减轻课堂教学负担。

FLIPPED CLASS MODEL

第四章

微课篇

六十七、什么是微课？

对于微课的定义，国内有两种比较有代表性的看法：一是指微型课程，例如，上海师范大学黎加厚教授认为，“微课程”是指时间在10分钟以内，有明确的教学目标，内容短小，集中说明一个问题的小课程；二是指教学视频资源，即按照课程标准及教学实际要求，以视频为主要载体，反映教师在教学过程中针对某个知识点或教学环节而开展的教学活动及相关教学资源，例如，华南师范大学焦建利教授就将微课定义为“一种短小精悍的在线教学视频”。

华南师范大学胡小勇教授、广东省佛山市教育局胡铁生老师认为，微课是以微型教学视频为主要载体，基于一个学科知识点、技能点、情感点、问题点等或结合某个具体的教学活动（含目标、内容、方式、过程评价等要素），而精心设计和开发的一种可视化微型（5~8分钟）优质学习资源。

南京师范大学张一春教授认为，微课是指为使学习者自主学习获得最佳效果，经过精心的信息化教学设计，以流媒体形式展示的围绕某个知识点或教学环节开展的简短、完整的教学活动。它的本质是完整的教学活动。因此，对于教师而言，要从学生的角度而不是教师的角度去制作微课，要体现以学生为本的教学思想。

教育部教育管理信息中心主办的第一届“中国微课大赛”，将微课定义为：微课是以教学视频为主要呈现方式，围绕学科知识点、例题习题、疑难问题、实验操作等进行的教学过程与相关资源的有机结合体。山东省昌乐一中结合翻转课堂的实践经验认为：微课就是指时间在 10 分钟以内（一般 5 ~ 8 分钟），有明确的教学目标，内容短小，集中解决一个重、难点问题的视频（或者音频）。其主要用途是在学生使用学案自学教材的基础上，帮助学生解决学习中的疑难问题，与学案中的某个具体学习目标、某些测评反馈手段一起组成微课程。另外，对于学生解题过程中遇到的困难，也可以有针对性地设计微课，以帮助学生更好地掌握解题步骤，总结规律方法。当然，不是所有的内容都适合制作成微课，只有那些主题相对独立、知识点较小、教学用时较短、学生不易理解的教学重点与难点内容，才适合制作成微课辅助学生自主学习。

六十八、教师对微课可能会存在哪些误解?

对于微课的设计，教师可能有三种误解：一是把微课看作教材内容的简单重复，即用视频讲解的方式把教材重复一遍；二是把微课看作课堂的“压缩饼干”，即课堂所有内容都用微课简单呈现；三是把微课看作课堂录像的切片，即截取课堂上师生活动的实录视频作为微课（这种视频可以作为教师研究教学的案例）。

对于微课的用途，教师也可能有三种误解：一是把微课看作慕课（微课与慕课的区别见本书问题十四）；二是把微课看作纯粹的自选资源，与教学不能统整，学生不能充分利用，不能发挥微课应有的价值；三是把微课放在课堂上统一播放，用本来可以个性化选择学习的微课代替教师的课堂授课。

微课开发的推动者（微课比赛的主办方、微课资源网站的负责人等）对微课也有三种误解：一是把微课看作赛课。这种误解较为普遍，我们能从不少比赛主办方的文件中看到其影子。比如有的比赛主办方文件明确要求往届各级各类教学大赛获奖人员参加微课大赛。有的单位甚至直接把教师们集中在一个时间段进行现场微课比赛。这种误解是由于没有把握微课的本质属性而导致的。微课的本质属性就是一种学习资源，虽然目前来看其主要呈现形式还是教师的授课，但是其制作过程和教学比赛的过程是全然不同的。微课中的教学过程是可以被“编导”的，是可以运用影视“蒙太奇”手法来构建甚至创造“酷炫”的教学效果的。换句话讲，能主讲微课的人员，和是不是教学名师没有必然的关系。二是把微课等同于课堂教学。这种误解依旧屡见不鲜。有的微课评审专家的点评即体现出了这种思想，比如“该作品重点不突出”“该作品缺乏师生互动”等。而实际上，一节微课只展示一个知识点，其内容没有重点和非重点之分；一节微课是一段固化的学习资源，是单向的信息传输，互动不是微课的重点，微课更多的时候就是要人为制造一种“一对一”个别化辅导的效果，师生同台往往会让学生感觉自己是一个“旁观者”，这样无形中便疏远了师生的距离。三是用课件设计与开发的规律指导微课的设计与制作。人们在设计和开发多媒体课件的过程中总结了一些基本规律。于是有人就把这些规律生搬硬套到了微课上。比如，有人对微课中呈现的文字字号提出异议，说字号过大，或者一页中的字数太少：这是因为他没有考虑到微课更多的时候要在移动终端（智能手机、平板电脑）上使用，字号小或者文字多，都会直接影响信息的传递效果。

六十九、国内微课是如何起源并发展起来的?

对于国内微课的起源和发展的观点有多种，这里只摘录影响较大的一种。

在国内，微课的雏形是微型教学视频（课例片段）。2011 年，针对传统 40 或 45 分钟的、全程实录式的教学课例制作成本高、交互性差、评审难度大、应用率低下的状况，广东省佛山市教育局在全国率先开展了首届全市中小学优秀微型教学视频课例征集活动，要求教师只针对某个知识点或教学环节进行教学设计并录制课例（同时要求提供相应知识点的教学设计、课件、练习、反思等支持学习资源）视频，参赛作品同步发布在网上供广大师生、家长随时点播、交流和评论。活动的效果出乎意料，广大教师对这种“内容短小、教学价值大、针对性强、数量众多、使用灵活”的微型课例好评如潮。此后，佛山市教育局连续组织了三届微课作品大赛，并率先开展了基于微课的教学改革研究（如微课与班级教学的整合、翻转课堂、自主学习、小组合作学习、移动学习等方面的研究），并取得了一定的成果，引领了全国微课建设与应用研究的热潮。

胡铁生老师认为我国微课的发展经历了三个阶段，并总结了三个相应的具有代表性的定义（见表8）。

表8　我国微课发展的三个阶段及其定义

阶段	定义
（一）微课的“微资源构成”认识与实践阶段	微课是指按照新课程标准及教学实践要求，以教学视频为主要载体，反映教师在课堂教学过程中针对某个知识点或教学环节而开展教与学活动的各种教学资源的有机组合（胡铁生，2011）
（二）微课的“微教学活动”认识与实践阶段	微课是以视频为主要载体，记录教师在课堂教学过程中围绕某个知识点或教学环节而开展的精彩的教与学活动的全过程（胡铁生，2012）
（三）微课的“微网络课程”认识阶段	微课又名微课程，它是以微型教学视频为主要载体，针对某个学科知识点（如重点、难点、疑点、考点等）或教学环节（如学习活动、主题、实验、任务等）而设计开发的一种情境化、支持多种学习方式的新型在线网络视频课程（胡铁生，2013）

第一个阶段的定义，其实是反映了微课的“资源观”。这种“资源观”

的形成是因为当时局限于将现成的课例片段作为教学资源，而使“微课”资源的应用受到局限。这个阶段的“微课”更多适用于教师的观摩、反思和交流研讨，而不太适合学生个体的自主学习。尽管如此，微课的“资源观”还是让一线教师认识到微课的开发目的和应用价值是明确的。

第二个阶段的定义反映了微课的“过程观”。由于增加了教学任务、教学活动和多种形式的互动、评论反馈等活动环节，微课资源不再是静态的，而是生长发展、不断充实完善的。除原有的“微视频”和相应配套的“微教案”“微练习”“微课件”外，还会产生“微反思”（教师本人的）、“微点评”（大众用户的评论与留言）等生成性、扩展性资源。虽然微课的组成结构越来越复杂，内容越来越丰富，微课似乎越来越完善，但一线教师并不明确作为一个“教学活动过程”的微课的作用是什么：这种“教学活动过程”是给教师观摩教学用的，还是给学生学习知识用的，令人不解和迷茫。

第三个阶段的定义反映了微课的“课程观”。将微课视为“微网络课程”（Mini MOOC）是受风起云涌的慕课的影响。胡铁生认为“由于其本质特征和核心目标的一致性，两者（微课与慕课）的名称和应用具有‘相互整合和统一’的趋势”。

七十、国内微课的发展现状如何?

焦建利教授认为，我国微课的发展现状可以总结为以下四个方面：

（一）微课受到教育部及各省（区、市）各级教育行政部门的高度重视

2012 年 11 月 21 日，教育部副部长刘利民在全国高校教师网络培训中心成立五周年庆祝大会的讲话中指出：“微课教学比赛是符合时

代要求的积极探索，希望借此推动高校教师培训方式、方法的改变，解决培训多样性、便捷性和针对性的问题，促进高校教学与现代信息技术的深度融合。”

教育部及各省（区、市）各级教育行政部门，学校以及相关学会、协会、联盟均在积极开展面向高等教育、基础教育、职业技术教育等领域的微课比赛和资源建设计划。比如，2012 年教育部全国高校教师网络培训中心和教育部教育管理信息中心先后启动了微课比赛；浙江、江西、江苏等省的地方教育行政部门也组织了各自的比赛，提出了资源建设计划。2014 年 4 月，中国职业教育微课联盟在上海同济大学宣告成立。由此可以看出，微课受到教育部及各省（区、市）各级教育行政部门以及民间团体的高度重视。

（二）微课制作技术在硬件和软件方面取得了重要突破

对于一线各学科教师来说，技术门槛曾经是微课设计开发与应用的拦路虎。然而，在过去的两三年间，微课制作技术在硬件和软件方面均取得了重要突破。本章后面将集中解答微课制作技术方面的问题，在此不作赘述。

（三）微课资源日渐丰富，系列化程度不断提高

教育部全国高校教师网络培训中心、教育管理信息中心支持的中国微课网，国家开放大学所属的五分钟课程网，各省（区、市）各级微课资源网，相关企业、机构的微课资源平台内容不断充实，各类学校和相关企业等设计、开发了一大批微课作品，使得微课资源日渐丰富，系列化程度不断提高。

（四）微课应用研究与实践探索不断深入，研究成果逐步显现

随着微课应用实践的迅速发展，与微课设计、开发与应用相关的研究论文、著作不断涌现，越来越多的各级各类研讨会和学术会议也纷纷将微课列入会议的主题、专题或子专题。不少学校在积极推进基于微课的混合式学习和创新教学模式的实践探索。

七十一、国外微课的发展对我国相关领域来说有什么启示？

（一）丰富国内微课内容的呈现形式

国外微课内容的呈现形式相对丰富，除真人讲解演示外，卡通动画、电子黑板等形式让微课更加生动有趣，知识要点的呈现更加简明，符合学生的心理特点，更能引起学生的兴趣。视频的录制和编辑需要较高的信息技术能力，我们可以借鉴国外的微课制作方法，聘请有关技术人员给予指导与帮助。

（二）完善微课资源平台的建设

国内微课资源网站在教学评价和对学生管理监督方面的建设存在不足。在评价上更多采用习题测试的方式进行量化评价，缺少教师对学生的学习态度、学生对教师的教学效果等师生之间的互评及自评。我们可以学习国外相对先进的微课网站，完善配套资源的内容和形式，即在设有练习、交流、教案、反思等基础上，增添自定课程计划、课程知识向导、数据统计、即时笔记等功能；形式上可以采用教育游戏的设计理念，将教学目标同游戏化学习结合。比如利用系列游戏帮助学生突破学习乘法的困难，让学生在特定的情境中通过闯关、做任务等多种游戏化学习形式达成相应的教学目标。

随着平板电脑、智能手机等移动设备的普及，国外不少学习资源网站开发了在移动设备上运行的移动应用程序。国内的微课资源网站也可以开发与微课和配套资源对应的移动应用程序，以方便学生随时随地利用学习资源，完成学习任务，实现泛在学习。

（三）加强微课的应用研究

相比国外，国内对微课应用于教学的过程与效果分析、评价等方面的研究不多，对学生使用微课资源的情况和学习体验的调查较少。加强这些方面的研究，对完善微课资源设计和建设具有重要的意义，对检验其实用性也有一定的价值。

微课的价值不仅体现在辅助学生学习以及为学生进行泛在学习提供了便利条件上，还体现在对教师专业发展的影响上。微课是教师的教学经验和智慧的结晶。教师之间可通过微课分享教学成果、教学理念、教学特色、教学技能等。新教师还可以通过微课来完善备课，抓准教学重、难点。此外，微课对培养和提高在校师范生的教学技能方面具有一定的价值。师范生可以根据自己所需强化的教学技能或教学策略选择观看相应的微课，例如，导入技能薄弱的学生可以观看新课导入类微课，有针对性地强化该方面的技能。

七十二、微课有哪些类型？

按照不同的标准，微课可以划分为不同的类型：

（一）按课堂教学方法分类

为了便于一线教师理解，并使微课的开发实践具有可操作性，胡铁生根据李秉德教授对我国中小学教学活动中常用教学方法的分类总结，将微课划分为 11 类，分别为讲授类、问答类、启发类、讨论类、演示类、练习类、实验类、表演类、自主学习类、合作学习类、探究学习类。目前我国的微课还是以讲授类为主，其次是实验类。

值得注意的是，微课分类有一定的开放性，一节微课可以同时属于两种或两种以上类型。同时，由于现代教育教学理论不断发展，教学方法和手段不断创新，上述微课类型也不是一成不变的，需要教师在教学实践中不断发展和完善。

（二）按课堂教学主要环节（进程）分类

按此标准，微课可分为课前预习类、新课导入类、知识理解类、练习巩固类、小结拓展类等。

（三）按微课的内容分类

按此标准，微课可以划分为以下类型：

（1）理论讲授型：主要讲解教材内容，包括原理、定理、规律等。

（2）推理演算型：主要用于公式的推导、例题的讲解等。

（3）技能训练型：主要用于绘图、折纸、量算等动手技能的演示。

（4）实验操作型：主要涉及物理、化学、生物、地理等学科的实验演示、操作讲解等。

（5）情感感悟型：主要用于文科类课程教学，侧重情感感悟。

（6）其他：以上五种类型所不能包括的类型。

七十三、微课有哪些主要特点？

（一）视频时长较短

根据中小学生的认知特点和学习规律，微课的时长以 5 ~ 8 分钟为宜。国外有关人员通过分析 edX 上 690 万段视频的观看记录，得出了如下结论：无论视频多长，用户实际观看时长的中位数都不超过 6 分钟，而且 6~9 分钟存在拐点，更长的视频实际观看时长的中位数反倒会下降。比如长度超过 12 分钟的视频，实际观看中位数只有 3 分钟。首届中国微课大赛的参赛微课中，87% 以上的视频时长小于 10 分钟，75% 的视频时长在 5~8 分钟之间，小于 3 分钟的则不到 6%，超过 10 分钟的不到 13%。可汗学院的创始人萨尔曼 · 可汗在《翻转课堂的可汗学院》一书中指出，可汗学院的教学视频不长于 10 分钟，是经过长时间检验而合乎实际需求的。

（二）主题突出，内容具体而又精练

微课一般聚焦教学中的一个重点或难点，或是反映课堂中某个教学环节、教学主题。一节微课就一个主题。微课的内容应当针对学生学习过程中遇到的具体问题：或进行难点突破，或进行重点强调，或指导学习策略，或总结规律方法等，达到帮助学生答疑解惑的目的。相对于传统一节课要完成的相对复杂的教学内容，微课的内容更加精练。

（三）视频文件一般较小

微课视频及配套辅助资源的文件大小一般只有几十兆甚至几兆。视频文件格式则是支持网络在线播放的流媒体格式（如 RM、WMV、FLV、MP4 等）。视频上传至网络后，学生可以借助笔记本电脑、平板电脑、智能手机、MP4 等设备流畅地在线观看，也可以将其下载保存到设备上观看，方便移动学习，满足个性化学习需要。

（四）资源使用方便

微课对应的教学内容一般主题突出、指向明确、相对完整。微课与文本（如教案、学案、拓展阅读资料等）等相关教学资源，构成了一个主题鲜明、类型多样、结构紧凑的“主题资源包”。学生可以根据自己的需要选择学习。

七十四、微课对翻转课堂来说有什么作用？

首先，微课是实践翻转课堂的基础。

基于微课教学的翻转课堂，改变了传统课堂结构，改变了以教师为中心的传统教育理念和以班级集体授课为教学组织形式的传统教学流程，被国内外公认为学习方式的划时代性变革。翻转课堂主要分为课外、课内两个学习阶段，学生在课外自学，在课内内化知识。而微课为学生在课外进行自学提供了便利的基础条件。只有在有效完成微课学习的前提下，翻转课堂教学才能顺利实施并发挥积极作用。作为核心教学资源的微课可以承担课程引入、核心概念讲述、探究过程演示等不同的任务，所以，从一定意义上讲，教师制作微课及学生观看微课的质量决定了翻转课堂的教学效果。

其次，微课是翻转课堂教学模式下学生个性化学习的助推器。

微课的最主要功能是提供适应性学习资源，满足学生的个性化学习需求。微课的微型化特点方便了学生利用碎片化时间在合适的地点观看学习，以便集中有效时间解决学习中的疑难问题，因此，主题突出的微课使得学生能够有效节约学习时间，使“哪里不会点哪里”真正成为可能，学习的时效性得到了增强。微课短小精悍，都是针对学生学习中的典型问题设计的。微课将知识点清晰明了地呈现给学生，学生可根据自身具体情况自定步调开展自学；学生对自己的学习有了更多的主动权，可以有针对性地开展学习。微课能满足学生对不同学科知识点的个性化学习需求，既能用于解决疑难问题，又能用于查缺补漏、强化巩固知识。课堂上，教师可以为不同层次的学生设计不同的学习任务，对不集中处理的学习任务，可以用微课为学生提供相应的帮助。而在一些特殊课型上，微课更能为学生的个性化需要服务。比如试卷讲评课，教师可以通过分析答卷情况和预设，把需要讲解的题目做成“一题一微课”，学生只需选取自己需要看的微课即可。

微课打破了学习过程的时空限制，全天 24 小时，室内或户外，只要学生有学习的愿望就能实现随时随地的学习。微课能反复播放，那些平时接受能力较弱且不好意思发问的学生能从容、反复地观看学习，较好地解决了学困生学习效果差的问题。

因此，教师一方面要精心设计制作微课，以优良的微课质量确保翻转课堂教学效果的优化；另一方面，教师要指导学生学会使用微课自学，并对学生使用微课的情况及时作出反馈评价。

七十五、微课用于教学的理论依据是什么？

对于微课用于教学的理论依据，目前还没有统一的认识：有学者从学习者的角度，认为建构主义、联通主义学习理论是理论依据；也有学者从知识内容的角度，认为细化理论是理论依据；还有学者从教学的角度，认为掌握学习理论、细化理论是理论依据。

（一）建构主义理论

建构主义的基本观点是学习者在与周围环境相互作用的过程中，逐步建构起关于外部世界的知识，从而使自身认知结构得到发展。情境、协作、会话、有意义建构是理想的建构主义学习环境。微课用于教学的核心理念便是让学生通过在线学习，结合教师提供的其他资源和活动，建构自己的知识，以产生一种“更加聚焦的学习体验”。

（二）联通主义理论

联通主义理论认为学习不再是一个人的活动，而是连接专门节点和信息源的过程。这种连接能够使个体学到比现有知识体系更多、更重要的东西。联通主义强烈关注知识形成过程和创建有意义的外部知识源之间的连接点，而不仅仅设法去解释知识如何在个体头脑中的形成。微课可被整合于正式的现实课堂学习，也适用于非正式的学习环境。因此，联通主义理论对微课的应用具有重要的指导意义。学生利用网络和移动终端基于微课进行自主学习、协作学习，形成社会化网络，能更好地促进自身对于知识的建构和创新。

（三）细化理论

细化理论的最早提出者是瑞奇鲁斯，其根源在于奥苏贝尔的先行组织者理论、诺曼的网状学习理论以及布鲁纳的螺旋形课程。细化理论认为，最初呈现的一般概念或简化结构就相当于细化理论中的概要，而周期性地使概念逐步达到更复杂的形式则相当于细化理论的不同细化等级。在细化理论指导下，微课将复杂的知识内容和教学过程分解成若干主题单一的知识“颗粒”，使知识难点得到分解，教学过程变得便捷深入，即使得知识碎片化，教学过程解析化。

（四）掌握学习理论

布卢姆认为，只要恰当地注意教学的主要变量，就有可能使绝大多数学生（90% 以上）都达到掌握水平，这就是掌握学习理论。该学习理论的独到之处，是对学生认知、情感准备状态、教学质量这三个变量的分析。微课主要以重要的知识点为内容，以短小精悍的视频为表现形式，为学生提供了有效的学习支持，使学习成为基于问题情境和案例的学习，使学生的学习动力、毅力、能力都有所提高，从而提高学生对知识的掌握程度。

上述不同视角的理论依据都说明了微课以学生为中心，微课用于教学是基于视频学习认知的教学模式创新。

七十六、微课质量好坏的评价标准是什么？

要评价一节微课的质量好坏，首先要有评价标准。笔者参阅了不少单位、个人制定的相关评价标准（或对评价标准的阐述），认为中国微课网为首届“中国微课大赛”制定的评审标准较为全面，影响较大。现引用如下，供大家参考。

表 9　首届“中国微课大赛”评审标准

一级指标	二级指标	指标说明
教学选题 (10 分)	选题简明	利于教学，微课选题设计必须紧扣教学大纲，围绕某个知识点、教学环节、实验活动等展开，选题简洁，目标明确
	选题典型	解疑定位精准，有个性和特色，应围绕日常教学或学习中的常见、典型、有代表性的问题或内容进行设计，能够有效解决教与学过程中的重点、难点、疑点等问题
教学内容 (20 分)	科学正确	概念描述科学严谨，文字、符号、单位和公式等符合国家标准，符合出版规范；作品无著作权侵权行为，无敏感性内容导向
	结构完整	所提交的作品必须是微课视频，还可以提供与选题相关的辅助扩展资料（可选）：微教案、微习题、微课件、微反思等，便于评审： 微教案的设计要素要齐全，内容要精确，注重实效； 微习题要有针对性与层次性，主观、客观习题的设计难度等级要合理； 微课件的设计要形象直观、层次分明，重点和难点突出，力求简单明了； 微反思应该真实细致，落到实处，拒绝宽泛、套话
	逻辑清晰	教学内容的组织与编排要符合当前中小学生的认知逻辑规律，设置合理，逻辑性强，明了易懂
视频规范 (20 分)	技术规范	微课视频录制方法与设备灵活多样（可采用 DV 摄像机、数码摄像头、录屏软件等）； 微课视频一般不超过 10 分钟；视频画面清晰、图像稳定、构图合理、声画同步，能全面真实反映教学情境
	语言规范	使用规范语言，普通话或英语需标准，声音清晰，语言富有感染力
教学活动 (30 分)	目标达成	达成符合学生自主学习、方便教师教学使用的目标，通用性好，交互性强，能够有效解决实际教学问题，高效完成设定的教学目标，促进学习者思维的提升、能力的提高
	精彩有趣	符合现代教育理念，体现新教材教学方法，教学过程深入浅出，形象生动，精彩有趣，启发引导性强，有利于学生的学习积极性和主动性的提升
	形式新颖	微课构思新颖，富有创意，类型丰富（讲授类、解题类、答疑类、实验类、其他类）
网络评价 (20 分)	网上评价	作品提交后，将在网上进行展示并提供给学生学习和教师教学应用，根据线上的观看点击率及投票率等产生综合评价分值

需要说明的是，笔者结合山东省昌乐一中的翻转课堂教学实践认为，上表中对二级指标“结构完整”的说明是把微课作为“微课程”来看待的，是与常态化教学实践脱离的。山东省昌乐一中的微课与之不同，是服务于常态化教学的，并且不是孤立存在的，而是与学案等组成课堂学习的系统资源，解决的是总的教学目标中的重、难点，为实现课堂教学目标服务。

七十七、微课的设计与制作一般要经过哪些步骤？

微课的设计与制作可以使用 ADDIE 模型：

A—Analysis(分析)，对教学所要达到的行为目标、任务、受众、环境、绩效目标等进行一系列的分析。

D—Design(设计)，针对将要进行的教学活动进行课程设计。例如：对知识和技能进行甄别、分类，对不同类型的知识和技能采取不同的、相应的处理措施，使其符合学习者的特点，并能够通过相应的活动使学生从短期记忆转化成为长期记忆。同时，在本阶段也应对撰写的学习目标进行验证，并设计出相应的评估学习效果的策略和手段。

D—Development（开发），针对已经设计好的课程框架、评估手段等，进行相应的课程内容撰写、页面设计、测试等。

I—Implement（实施），将已经开发的课程用于教学实践，同时进行实施支持。

E—Evaluation（评估），对已经完成的课程教学及受众学习效果进行评估。不仅要对课程内容本身的合理性进行评估，更要对教学的效果和绩效的改善进行评估，寻找差距、积极改进。

上述五个阶段中，分析与设计是前提，开发与实施是核心，评估为保证，三方面互为联系，密不可分。

（一）分析

1. 分析学生

明确微课的受众是小学生、初中生、高中生、大学生等中的哪一类。根据不同层次的认知水平及兴趣爱好的不同，确定微课类型，选择微课的呈现方式及制作方式。

2. 分析教材

重视教材分析，找出重、难点，针对重、难点设计微课，着重于解惑，即帮助学生解决疑难问题。明确微课的作用是“解惑”而非“授业”，将微课教学与传统课堂教学区分开。

3. 分析易错点

在理清教材重、难点的基础上，结合学生的实际情况，预设易错点，可以咨询有丰富教学经验的资深教师，或总结学生在习题课、考试中经常出错的点，有的放矢地设计微课。

4. 分析微课

在以上所有分析的基础上，明确所设计的微课用于课前自学、易错题指导、基于项目的学习、个性化学习、拓展学习、德育等中的哪一方面。

（二）设计

1. 确定选题

在整体分析的基础上确定好选题。然后，整理选题清单，为微课的设计和制作打好基础。

2. 设计脚本

微课的设计脚本即微课录制规划。设计脚本一般应包括本节微课的标题、学习目标、内容讲解及学习效果评测等要素。具体要求如下：

（1）标题：简单、明确，提供关键信息，适当考虑增加吸引力。

（2）学习目标：具体、明确、可操作性强。

（3）内容讲解：在以针对性解惑为首要目的的前提下，尽量做到生动活泼，易于理解。具体见下面的“内容讲解设计要点”。

（4）学习效果评测：设计相应的评价形式，形式要多样，可操作性要强，区分度要高。

3. 内容讲解设计要点

（1）切入课题要新颖、迅速

由于微课时长较短，因此在设计微课时要注意切入课题的方式，力求新颖、迅速，以把更多的时间分配给内容的讲解。通常采用以下几种方式切题：

①设置一个疑问或悬念引入课题；

②从以前的知识内容引入课题；

③从生活现象、实际问题引入课题；

④开门见山进入课题。

（2）讲授线索要鲜明

在微课的设计中，要尽可能地只有一条线索，在这一条线索上突出重点内容。在讲授重点内容时如需罗列论据，必须做到精练，并力求论据充分、准确。要注意巧妙启发、积极引导，力争在有限的时间内圆满完成讲授任务。

（3）结尾要快捷

在微课的设计中，小结是必不可少的，它是对内容要点的归纳。好的微课小结可以起到画龙点睛的作用，可以加深学生对所学内容的印象，减轻学生的记忆负担。因为前面对于重点内容的讲授占用了较多的时间，所以微课小结必须精练，且科学易记。

（4）力求创新，亮点突出

在微课的设计中，一定要有独特的亮点：可以是深入浅出的讲授，可以是细致入微的剖析，可以是激情四溢的朗诵，可以是精妙完美的课堂结构，也可以是准确生动的教学语言，等等。只有具备独特的亮点，才能提升微课的水准。

（三）开发（制作）

1. 选择方式

根据学科性质和要讲解的内容选择适当的录制方式。微课的录制工具很多，有 PowerPoint、数位板、录课笔、录屏软件、视频拍摄工具（手机、摄像机、数码相机等）以及音频录制软件等。

2. 具体录制

以最常用的“PPT + 录屏软件”录制为例，授课人演示制作好的 PPT，对授课内容进行适当的讲解，同时开启录屏软件，将 PPT 演示画面和同步讲解的声音录制成视频。录制视频时环境要安静，不要有噪音。讲解时要注意以下几点：

（1）适当口语化，不照本宣科；

（2）语速可以比平常讲课快一些，语言清晰、抑扬顿挫，有节奏感；

（3）努力制造“一对一”的效果，讲解中不要出现“你们”“大家”“同学们”等词汇。

3. 后期加工

后期加工包括配音、添加背景音乐及字幕等。要恰当配音和使用背景音乐，注意音量合适。解说和背景音乐尽量不要叠加，避免干扰学生的注意力。字幕的颜色要醒目但不至于刺眼，字号大小要适中，文字也不宜过多，在不易理解的地方适当添加部分字幕即可，过多则会分散学生注意力，降低学习效果。

（四）实施

根据微课的授课内容和类别，安排微课的使用时间：恰当安排在课前自学、课中辅导或课后总结中。

（五）评价

评价包括对微课本身的评价和对使用效果的评价。相关评价标准可参考本书问题七十六。

七十八、如何做好微课的选题？

前面已经提到过，不是所有的教学内容都适合制作成微课：只有那些主题相对独立、知识点较小、教学时间较短、学生不易理解的教学重、难点等，适合制作成微课。所以，微课的选题是非常重要的。

教师应根据课程标准的要求、教材内容及学案内容，合理选取要讲解的知识点。对于选取的知识点，要在考虑学生的认知水平和理解接受能力的基础上，进行科学的分析和处理，使它们更符合教学认知规律。例如：人教版地理必修三第二章第一节《荒漠化的防治》中，“荒漠化的成因”既是难点也是重点。之所以是难点，是因为学生缺少生活经验，缺少直观印象，在教材描述的基础上不能产生合理的想象；之所以是重点，是因为需要在理解它的前提下，迁移解决新情境下的问题，需要与“荒漠化防治的对策和措施”发生因果上的联系。如果荒漠化的成因搞不清楚，防治的对策就无从谈起。教师需要思考的另一个问题是，有关荒漠化成因的知识是否适合或者能不能用微课呈现？答案是非常适合。因为荒漠化是世界性的生态环境问题，网络上有大量的数字资源可以利用，完全可以使用现有的图片和视频制作微课，形象直观地表现荒漠化的成因。再进一步思考：荒漠化的成因可以分解为自然原因和人为原因，对人为原因的理解必须建立在对自然原因的把握上，因此荒漠化形成的自然原因是本节课的重中之重，故微课选题应锁定在“荒漠化形成的自然原因”上。

此外，一节微课一般只讲授一个知识点。如果知识点太大，不能用一节微课讲清，则需要按照一定的逻辑把知识点分解成几个更小的知识点。

七十九、录制微课之前，如何进行脚本设计？

在录制微课之前，一般要进行脚本设计，这是非常重要的一步。使用微课设计模板进行脚本设计，可以帮助教师理清设计思路。微课脚本设计可繁可简。下面以山东省昌乐一中的微课设计模板为例介绍一下。

表 10　山东省昌乐一中微课设计模板

录制时间：　　　　　　　　　　微课时长：______分钟

开课年级			
知识点来源	学科：　年级：　教材：　章节：　页码：		
学习目标			
使用方式	□自学质疑　□训练展示　□课后辅导　□其他		
微课类型	□理论讲授型　□推理演算型　□技能训练型 □实验操作型　□情感感悟型　□其他		
录制方式	□拍摄　□录屏　□软件合成　□混合		
设计线索			
微课设计方案			
教学环节	教学活动（解说词）	对应场景	时间
引入			
内容讲解			
总结			
教学反思			

（一）“学习目标”指的是本微课对应的学习目标。

（二）“使用方式”包括“自学质疑”“训练展示”“课后辅导”“其

他”四项。其中，“自学质疑”是指在自学质疑阶段使用，主要作用是解答学生在自学中遇到的疑难问题；“训练展示”是指在训练展示阶段使用，主要作用是帮助学生梳理知识并总结规律方法，或是为选做题提供解答；“课后辅导”是指在课后时间或者假期使用，主要作用是帮助学生弥补学习中的缺漏，梳理知识体系等；“其他”是指上述三种情形之外的，比如为语文、英语学科提供经常需要的阅读的相关学习资源等。

（三）“微课类型”中列举了六种类型。对各种类型的介绍详见本书问题七十二。

（四）“录制方式”常见的有四种：

1. 拍摄：使用摄像设备将内容讲解、实验操作、技能演示等真实过程拍摄下来。

2. 录屏：使用录屏软件，将呈现在电脑屏幕上的疑难讲解、分析演示的过程录制下来。

3. 软件合成：运用动画制作软件（如 Flash MX）合成。

4. 混合：综合运用上述多种方式。

（五）“设计线索”是指知识讲解或者呈现的方式。知识讲解和呈现的方式要符合知识的逻辑顺序，符合学生的认知规律。

（六）“微课设计方案”主要进行“教学活动”“对应场景”“时间”三个方面的设计，三者要一一对应。

八十、常用的微课录制工具有哪些？

微课通常是以视频形式呈现的。微课视频可以直接用摄像设备录制，比如用录像机、有录像功能的手机等；也可以用连接电脑的外部设备录制，比如数位板、录课笔等；还可以直接用电脑软件整合多媒体资源形成视频，比如 PowerPoint、Prezi 等软件与录屏软件组合使用。我们可以根据微课类型和内容的不同，选择相应的录制工具。

表 11　微课类型与录制工具

微课类型		微课内容	工具
演示类	实验操作型	物理、化学、生物等学科的实验操作	摄像机、手机等录像设备 + 固定支架
	技能训练型	音乐、体育、美术等学科的实践操作技能，以题型为专题的解题训练等	摄像设备 + 相应材料； 数位板 + 录屏软件 + 白板工具
	推理演算型	数学、物理的例题讲解，化学的推断题等	数位板 + 录屏软件 + 白板工具； 录课笔 + 软件 + 白纸； 手机 + 白纸
讲授类	理论讲授型	各学科的理论性问题	PowerPoint、Prezi 等演示软件 + 录屏软件
	情感感悟型	设计情感态度与价值观的引领	

此外，运用 Flash MX、Storyline 等软件，可以制作交互式微课。目前这类微课比较少。交互式微课中，学生可以通过鼠标或触屏，完成拖拽、输入选项或文字、连线、排序等操作，大大增强了微课的互动性。

在移动设备上支持多媒体的 html5 的出现，为微课设计提供了新的途径。利用移动 APP 易企秀、初页、美页等，可以制作类似于 PPT 的演示文档。最有吸引力的是，基于 html5 制作的文档，可以跨平台使用，对微课的广泛传播极为有利。

八十一、以摄像方式录制微课有哪些优点？

以摄像方式录制微课，具有其他方式不可替代的优点。一般来说，有手机（带摄像头）、摄像头（连接电脑）、数码相机、便携式摄像机等工具就能录制，硬件要求和技术门槛较低；如果要录制“高端大气上档次”的微课，则可以使用专业摄像机、录播教室进行录制。理科实验等实践操作技能类内容，除以摄像方式录制外很难展现；用摄像方式来展示讲解思路和书写、绘画过程，能完全再现情境，还不必购置数位板、录课笔等硬件。下面就简单介绍“摄像 + 书写 / 演示”、录播教室现场录制两种录制方式。

（一）摄像 + 书写 / 演示

“摄像 + 书写”录制方式，适合展示讲解思路和书写、绘画过程，如理科公式、定理的推导和例题、习题的解答过程，绘画技巧的示范讲解等。

“摄像 + 演示”录制方式，适合展示理科实验与音乐、体育、美术、信息技术、通用技术等学科的实践操作技能。需要准备的硬件（物品）有：拍摄设备、三脚架（或手机支架、铁架台）、纸、笔（最好准备不同颜色的）、实验仪器等。如果用摄像头（连接电脑），最好另配话筒，电脑上还要安装相应的录制软件（如 CyberLink YouCam、拍大师、摄像头录像精灵、超级捕快等）。

（二）录播教室现场录制

录播教室（如图 21 所示）配备有完整的自动跟踪摄录系统（图 22），具有自动化录制、直播、点播、导播、自动跟踪和自动上传存储等多种功能，具有“摄像 + 演示”方式的全部优点。所以，能用“摄像 + 演示”方式录制的微课，都能在录播教室完成录制。除此之外，录播教室具有多镜头、多角度拍摄实况的功能（图 23），适合拍摄课堂实录或类似的互动过程（图 24），特别适合拍摄典型示范、师生互动和教学研究类视频。

图 21　录播教室

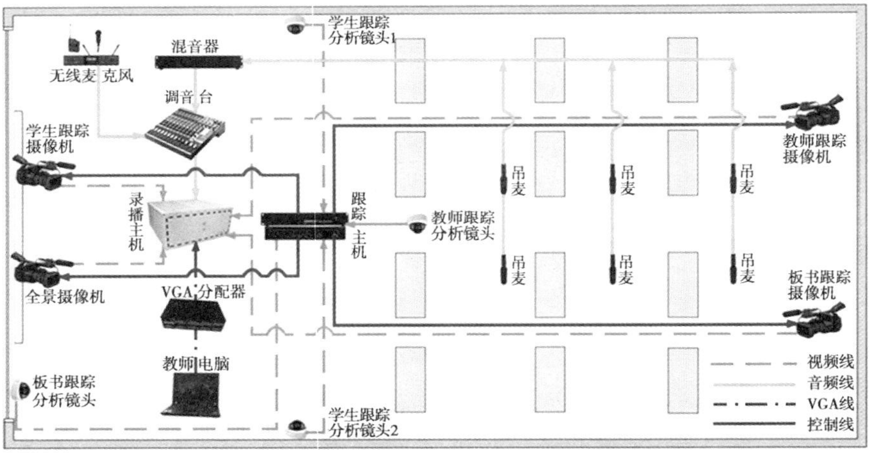

图 22　录播教室自动跟踪摄录系统示意图

图 23　录播系统能多镜头、多角度拍摄实况

图 24　录播系统录制的课堂实录截图

八十二、用录课笔录制微课有哪些优点？

录课笔在外形上与普通书写笔差不多（图 25），一般配有专用录课笔记本，有的也能在普通 A4 纸上使用。不同品牌的录课笔操作方法和使用的软件不同，但原理是相同的，即用录课笔在专用笔记本或普通 A4 纸上书写，利用红外和超声波二维定位技术，在相关软件的帮助下，将书写笔迹和同步讲解的音频录入电脑（录课笔自带录音功能），自动保存为微课视频。仅靠一支录课笔，就可以录制理论讲授型、推理演算型、情感感悟型微课，操作比“手写板 + 录屏软件”录制方式简单得多。

图 25　某品牌录课笔

要使用录课笔录制微课，电脑上需要安装三个软件——Flash 视频播放软件（如 Flash Player）、PDF 阅读器软件（如 Adobe Reader）、声音图像导入软件（如 Livescribe Desktop）。

录课笔使用简便易操作，会用笔就会录课，使用零门槛。录制好的微课自动生成 MP4 格式，无须转换就能在使用不同系统的各种设备上播放。由于采用了特殊的笔迹跟踪录制方法，微课视频文件很小，每分钟高清视频大小约 1MB，便于上传或下载。

八十三、如何用录屏软件录制微课?

录屏软件有很多种。其中，Camtasia Studio 的性能最为出色，所以被教师们广泛运用。有人认为“Camtasia Studio+PowerPoint”是录制微课的“黄金搭档”。

用 Camtasia Studio（以 8.6 版本为例，可以从网上找到其汉化版）录制 PPT 演示讲解过程，可以先启动 Camtasia Studio 软件，再点击“录制屏幕”按钮并选择“录制 PowerPoint”（图 26），然后在打开的 PowerPoint 软件界面中点击“加载项”主选项卡，之后点击“录制”

按钮（图 27），则会弹出如图 28 所示窗口，按提示操作即可。也可以直接启动 PowerPoint 软件并进行后续操作。

图 26

图 27

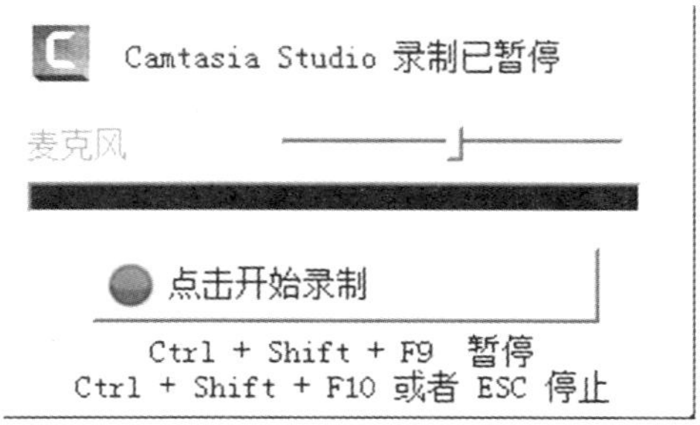

图 28

录制开始之前，要调整好话筒的位置和音量。话筒音量不要调至最大，以免产生噪音。

如果在前面点选的是“录制屏幕”，则需在图 29 所示界面中单击“rec”红色按钮，屏幕出现“3——2——1”倒计时画面（图 30），倒计时结束即开始录制。

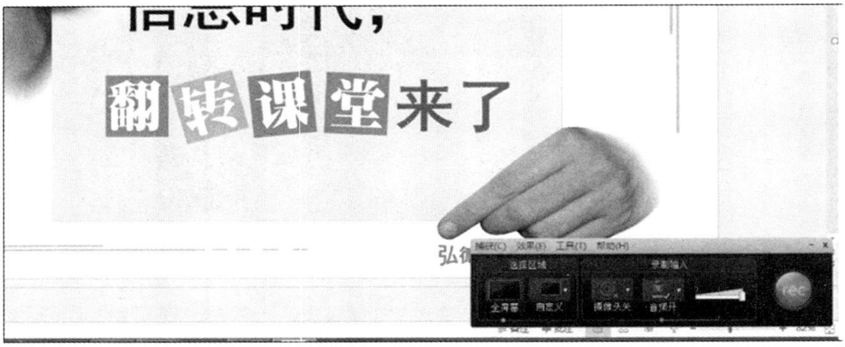

图 29　点击红色“rec”按钮开始录屏

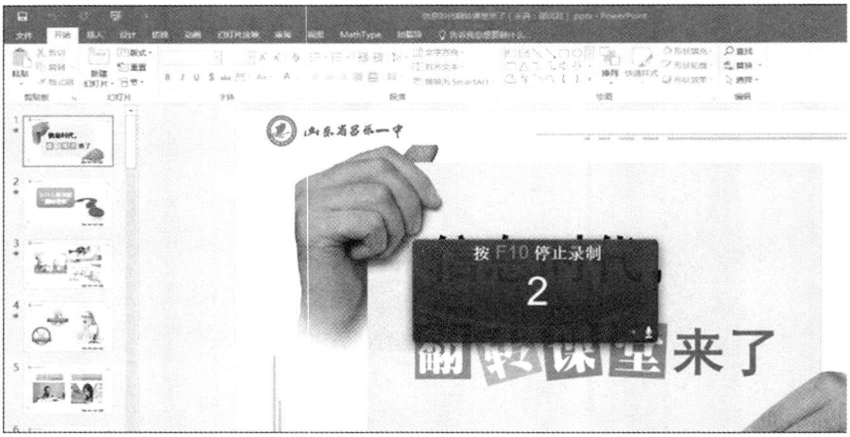

图 30　录屏开始前有 3 秒倒计时

录制结束后，可以选择编辑或者直接生成视频，如图 31。

图 31　选择编辑或者生成视频对话框

生成视频时，可根据需要选择合适的分辨率，还可以选择自定义设置，使录制的视频不出现上下或者左右有黑边的现象（图 32）。

图 32　选择自定义设置可防止出现黑边

此种录制方式的优点是，录屏软件可以录制屏幕上出现的任何内容。除了 PPT 以外，屏幕上播放的动画、视频以及软件操作过程等都可以录入。Camtasia Studio 录屏软件还有强大的编辑功能，即使录制的视频有瑕疵，也可以在后期编辑中处理得很完美。但 Camtasia Studio 不是免费软件，对电脑配置要求较高，在配置低的电脑上运行 Camtasia Studio，可能会出现运行不畅的问题，如启动慢、鼠标指针闪烁、渲染缓慢等。

八十四、除上面介绍的几种方式外，录制微课还有哪些方式？

第一种方式是用除 PowerPoint 外的其他演示软件（金山 WPS、谷歌在线演示文档、OpenOffice Presentation、运行于 Mac 平台的 Keynote 等都有类似于 PowerPoint 的功能，其他如 Prezi、微舞幻灯等）加录屏软件的组合。用其他演示软件代替 PowerPoint，可能会起到意想不到的演示效果。比如 Prezi，与 PowerPoint 相比，PowerPoint 是一张张幻灯片组成的线性流程，Prezi 则是由一个个点组成的面，它犹如在一块大画布上架设了一台摄像机，既可以拉远镜头展示全貌，又可以推近镜头展示某个点，还可以在各个点之间任意进行切换。掌握了用 Prezi 制作微课的技能后，反观用 PowerPoint 制作，或许会对用 PowerPoint 有更深的理解。但是现在 Prezi 的汉化效果还不是很好，一线教师在使用过程中可能会存在一些不便。国产软件微舞幻灯的功能非常像 Prezi，比较容易掌握。这些软件的使用在此不详细介绍，有兴趣的读者可以到网上搜索教程了解。

第二种方式是在线录制。现在有一些微课平台提供了在线录制微课的功能。一般支持导入 PPT、图片甚至视频，像使用录屏软件录制一样。讲解配音完毕，可一键生成微课并上传。这些在线录制工具一般也支持录课笔输入，兼具多种录制方式的优点，操作非常简单。缺点是只能够实现前述录制方式的基本功能，微课视频录制完成后不能修改加工，往往会带有瑕疵。

第三种方式是用智能手机或平板电脑安装应用程序录制微课。ShowMe、Educreations、Ask3 是可运行于 iOS 系统的三款基于平板电脑的微课制作与分享应用程序。这三款应用程序均免费，都支持在线浏览，其中，Ask3 还可以实现师生实时互动。焦建利教授认为，基于平板电脑的在线微课制作与分享把资源建设的门槛降到了最低，用户只要动动手指，就可以录制并上传微型在线视频课程，讲解相关知识点，展示自己的技能，教别人学习。这种方式从录制到上传到展示应用提供了一条龙服务，非常简单便捷。

此外，还可以用软件制作 E-learning 课件（有人也称之为交互式微课）。Flash MX、Storyline、Adobe Captivate、Lectora、OutStart Trainer 等软件都可作为 E-learning 开发工具。Flash MX 是老牌动画制作工具，能实现大部分交互效果。Storyline 软件是一个独立的、单机版 E-learning 多媒体互动课件开发工具，以其独特的设计、人性化的操作界面、丰富的素材库和简洁的设置方法受到用户的欢迎。这类工具制作的“微课”效果很好，但制作起来相对困难。目前这类“微课”还比较少，或仍归于课件一类更合适。

八十五、微课视频的编辑、转码工具有哪些?

视频编辑软件非常多，按照其功能强弱和易用性可以分为四类：

第一类是“玩具式”的。特点是操作非常简单，没有很多的功能和特效。这类软件有 Windows Movie Maker（Windows 系统自带的视频剪辑软件）、玩家宝宝等。

第二类是业余级别的。特点是操作相对比较简单，功能比第一类多一些，有一定的“傻瓜式”特效（不能进行调整或只能进行有限的调整），编辑的视频质量一般。如会声会影、Shotcut 等。

第三类是半专业级别的。特点是功能相对较全，特效相对较多，操作不太复杂，能根据编辑人员的要求实现一些特效。如 Camtasia Studio、AVS Video Editor、EDIUS 、VEGAS 等。

第四类是专业级别的。特点是功能强大、操作复杂，需要认真学习使用。如 Adobe Premiere。

如果你想使用一款软件完成从录屏到编辑的全过程，笔者强烈推荐使用 Camtasia Studio。Camtasia Studio 是一款包含屏幕录像软件和视频编辑软件的软件套装。该软件套装提供了强大的屏幕录像（Camtasia Recorder）、视频剪辑和编辑（Camtasia Studio）、视频菜单制作（Camtasia MenuMaker）、视频剧场（Camtasia Theater）和视频播放（Camtasia Player）等功能。使用 Camtasia Studio 软件套装，用户可以方便地进行屏幕的录制和配音、视频剪辑、过场动画制作、字幕和水印添加、视频封面和菜单制作、视频压缩和播放等工作。

和其他同类软件相比，Camtasia Studio 的各项关键指标均非常突出（图 33），完全可以胜任从录屏到编辑的全过程。

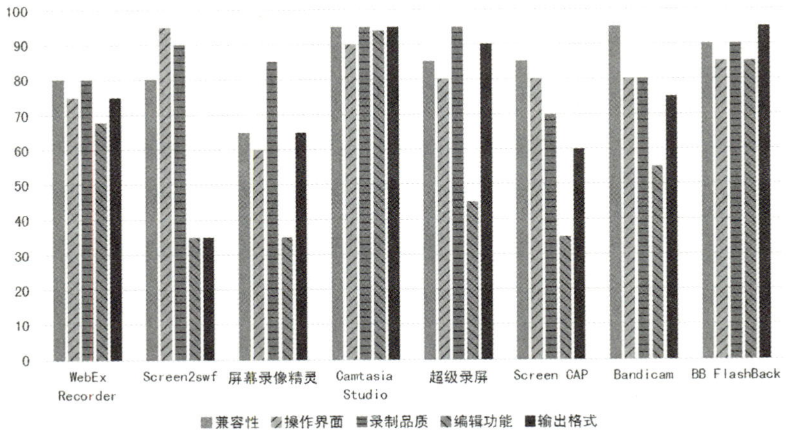

图 33　Camtasia Studio 与同类软件的指标比较

视频转码工具有格式工厂(格式转换器)、狸窝全能视频转换器、艾奇全能视频转换器、奇艺 QSV 视频格式转换器、MP4/RM 转换专家、暴风转码、PPS 易转码等。这些软件操作普遍简单，不需要专门学习。

八十六、如何用 Camtasia Studio 编辑微课视频?

(一)编辑准备

首先，做好编辑准备，进行导入媒体[视频、音频、图片或者是 Camtasia Studio 录制的项目文件(camrec 文件)等]，添加媒体到时间轴，分离视频、音频等操作。

1. 导入媒体

可以通过点击“欢迎使用 –Camtasia Studio”对话框中的“导入媒体”的方式，或通过点击“文件”菜单，在弹出的菜单中选择“导入媒体(I)……”的方式，还可以通过在“剪辑箱”空白处点击鼠标右键，再在弹出的菜单中选择“导入媒体(I)……”的方式(图 34)。

图 34

支持的媒体文件格式可以通过点击“打开”对话框下方的文件类型菜单查看（图 35）。如果不支持要导入的文件的格式，可以使用格式转换软件转换格式。

图 35

2. 添加媒体到时间轴

可以选中要添加的媒体文件，点击鼠标右键，选择“添加到时间轴播放（A）”（图 36），或者选中媒体文件后直接用鼠标左键将其拖拽至下方的时间轴轨道中，拖入轨道的媒体一般要从 00:00:00 起始。

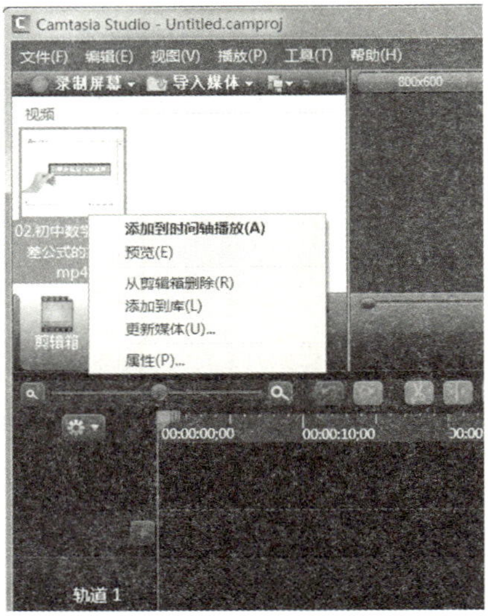

图 36

媒体文件添加到时间轴后，可以点击画面上方的“800×600”按钮设置“编辑尺寸”，但一般不用修改参数，建议勾选“保持宽高比”，点击“OK”按钮完成即可（图 37）。

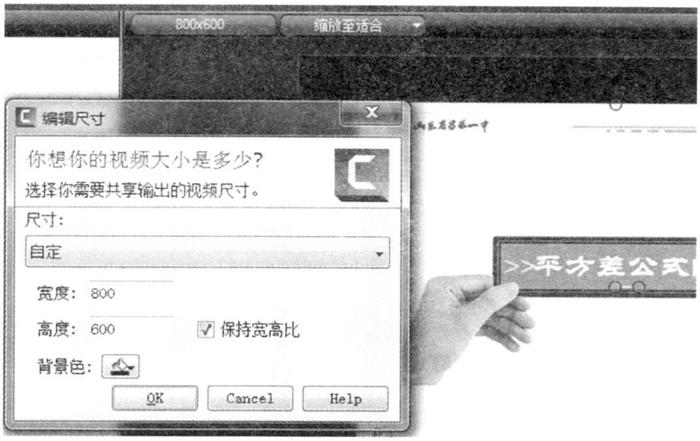

图 37

3. 分离视频、音频

通常我们导入的视频文件中的视频、音频是在同一轨道上的，所以我们在编辑的时候应该将音频与视频进行分离，以便于分别进行音频和视频的编辑。从“轨道”处用鼠标右键点击视频文件，在弹出的菜单中选择“独立视频和音频”（图 38），视频、音频就分离了（图 39）。

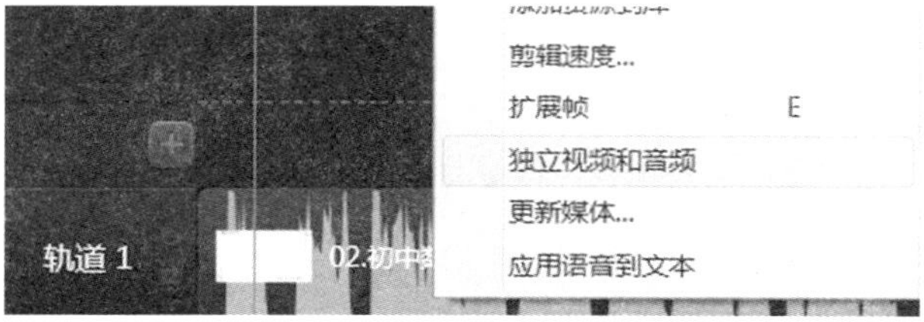

图 38

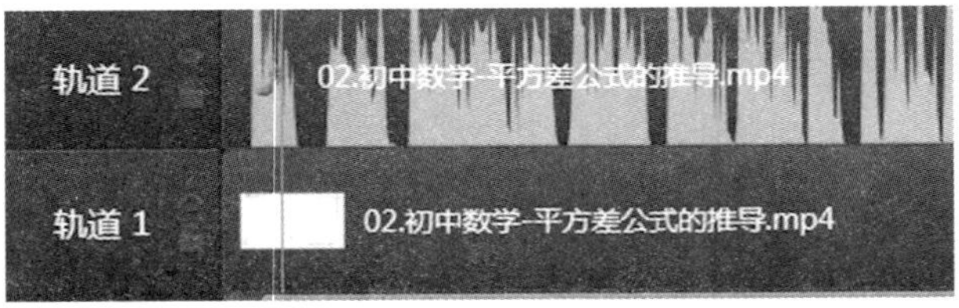

图 39

准备工作就绪，就可以对音频和视频分别进行编辑了。

（二）编辑音频

对音频进行编辑工作主要包括声音降噪、调整音量、选定删除以及录制添加声音等。

1. 声音降噪

从“工具（T）”下拉菜单中选择“音频（A）...”选项，点击勾选“启用噪声去除”即可（图 40）。需要注意的是，该软件的降噪效果并不是很明显，所以录制微课选择在比较安静的环境下进行是非常有必要的。

图 40

2. 调整音量

可以通过上下拖拽音频轨道上的黄线完成。

3. 选定删除声音

在录制微课的过程中讲解者常会因思路不连贯导致声音停顿，也难免出现口误或口头语等，这些都需要修改。可通过预览（按播放键）准确定位然后删除。

删除音频的方法有两种：删除音频但保留对应的视频或是同时删除音频与对应的视频。这里举例说明仅删除音频的情况：鼠标左键单击音频轨道，选中音频轨道上的音频文件，在时间轴上选中要删除部分的起点，点击时间轴上方的“分割”按钮，即可将音频分割成两部分（图 41）；再选中要删除部分的终点，点击“分割”按钮，这时音频文件被分为三段，需要删除的部分就独立出来了（图 42），选中这一部分删除即可（音频文件被分割，视频文件没有变化）。用这种方式删除一段音频后，要调整音频与视频的同步关系。

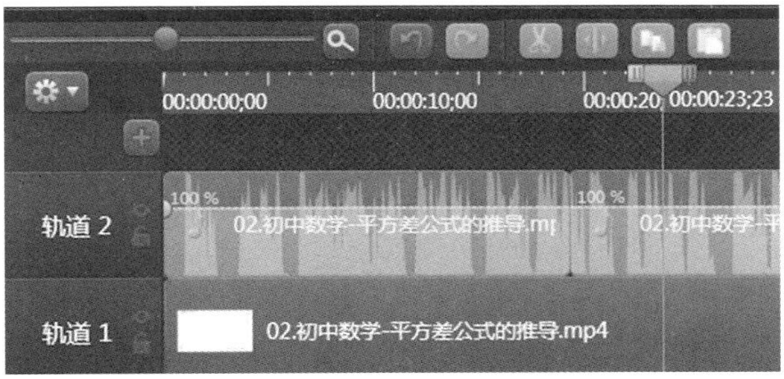

图 41

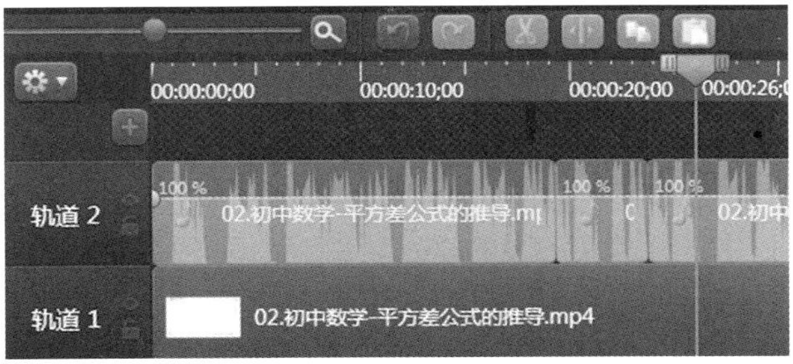

图 42

4. 录制添加声音

如果部分声音音质太差需要修改，可以重新录制声音。选择“语音旁白”标签页（有时需要点击右侧的“更多”按钮调出），点击“开始录制”进行声音录制（图 43）。录制完成后,点击“停止录制”按钮，选择保存路径并填写文件名后，录制的音频会自动加入“剪辑箱”内并出现在一条新的轨道上。

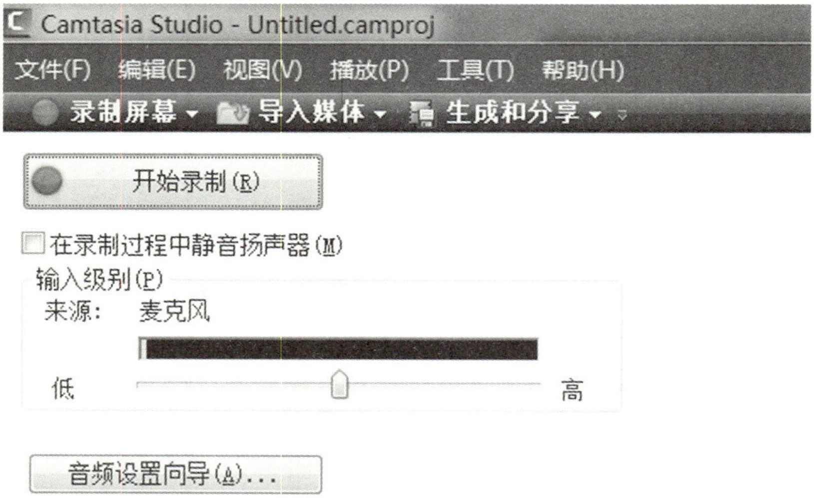

图 43

（三）编辑视频

对视频的编辑工作常见的有选定删除、添加素材、后期标注和添加转场等。

1. 选定删除

视频的选定删除与音频的选定删除方法相同。

2. 添加素材

录制完成的微课可能需要添加素材（视频、音频、图片等）。以添加一张图片为例，首先我们将图片导入到剪辑箱（进行“导入媒体”操作），再将其添加到时间轴的合适位置。

添加图片一般有两种用法：覆盖原视频的某一段，或是插入原视频中。如果是覆盖原视频的某一段，将其放在最上面的轨道上并调整起止点即可（图 44）；如果是插入原视频中，要先将原视频轨道上的文件在需要添加素材的位置“分割”开，然后将图片素材放置在需要的位置并做相应调整即可（图 45）。

图 44

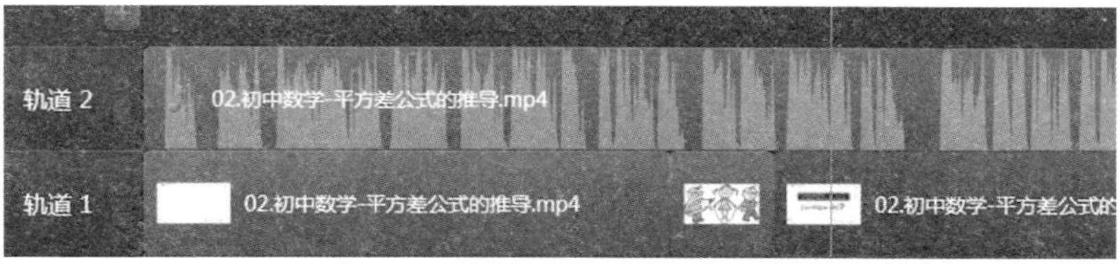

图 45

3. 后期标注

有时我们在录制完微课后，可能会发现有的地方需要说明强调，这就要用到软件的“标注”功能。选择“标注”标签页，点击“形状”

框右侧向下的箭头，会出现很多标注图形供选择插入（图 46）。

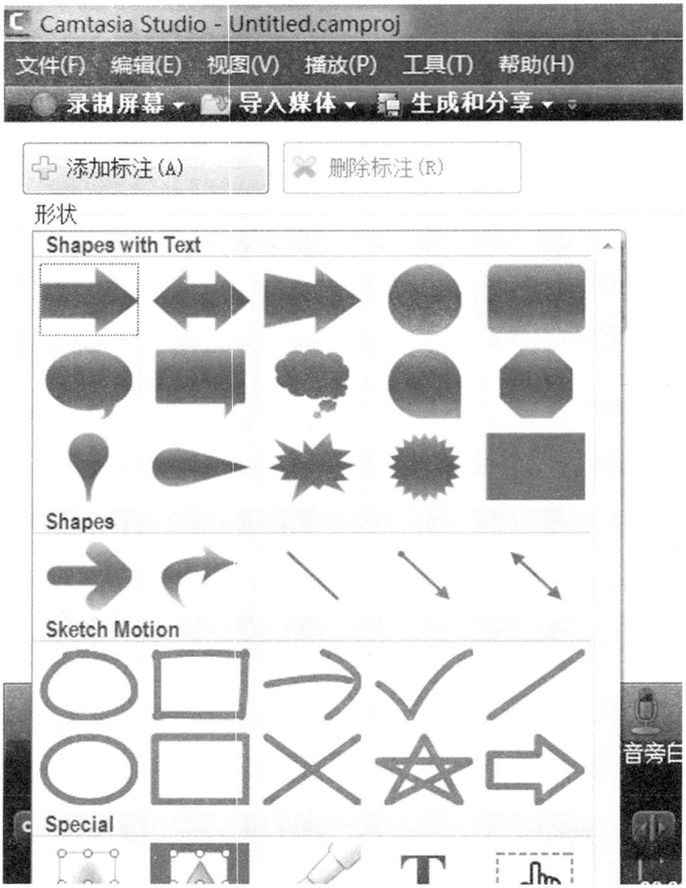

图 46

4. 添加转场

在后期制作时，我们还可以在画面切换处添加转场（类似于 PPT 翻页动画），来达到美化和分割的效果。首先将视频在需要添加转场的地方分割，然后选择“转场”标签页，选择转场的方式，将其拖拽至转场处即可（图 47）。

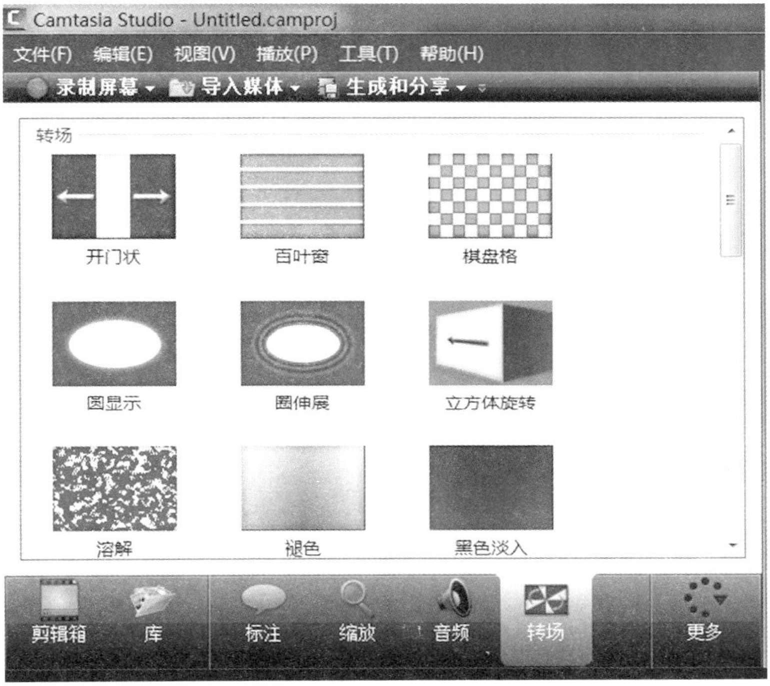

图 47

经过上述操作，一节微课就基本上编辑好了。

八十七、要想激发起学生的学习兴趣，微课的设计制作要做到哪几点？

（一）巧妙的设计构思

可以想象，根据一个蹩脚的设计，无论如何不可能制作出优质的微课。大量重复教材内容不会给学生带来新鲜感，干巴的讲解也不会让学生觉得有趣。好微课来源于好构思。一节好微课，首先在设计构思上要符合相关原则（可参阅《翻转课堂微课设计研究与制作指导》一书 P35~38“微课的设计原则”部分内容）并且有独创性，要具有构成吸引力的要素（如讲解富有感染力、有“一对一”的感觉），然后用合适的方式呈现，才可能激发学生的兴趣。

（二）善用视频、图形图像营造情境

人们对图形的记忆能力远远大于对文字的记忆能力。有研究表明，在学生的学习过程中，课程内容以文字和图画组合形式呈现与单纯以文字形式呈现相比，使用前者的学生学习效果要好。所以微课设计不能一味地用文字呈现加上语言讲解的方式，那样会让学习枯燥无味。

建构主义理论强调，情境对新知识的建构能起到关键的作用，可以促进有意义的学习的发生。通过与学生进行互动，让学生从知识的被动接受者变成学习的主体，使接受式学习变为发现式学习、探究式学习，能极大地激发学生的学习兴趣和学习的主动性。

根据以上原则，在设计微课的过程中，可以根据课程内容的需要，适当地选择与课程内容相关的图片、视频、动画等元素加入到微课中，以此增加课程的生动性。但是，一切元素的选择添加都要以学习内容的呈现效果更好为目的，决不能滥用。

（三）注意交互性

1. 注意师生、生生之间的交互。例如：需要学生思考的时候，教师可以在微课中用语音或者文字提醒学生暂停观看视频并进行思考，之后再继续学习。另外，学生能不能在线提问、讨论，学习小组能否实现在线协作学习，教师对学生提出的问题能否及时作出反馈，都是应该注意的问题。

2. 注意学生与媒体的交互。教师要思考以下问题：“能不能在微课中插入问题让学生思考回答？”“能不能设计成可手动拖拽、排序等形式让学生既动脑又动手？”“承载微课的平台，能否跟踪记录每个学生的学习过程？”“能否根据学习记录给学生推送相关的学习资源？”，等等。

八十八、对教师来说，微课制作的挑战性很大吗?

翻转课堂实践得益于教育信息化的发展，同时它又推动了教育信息化的进一步发展。它对教师的专业素养提出了更高的要求。尤其是微课的制作方面，许多教师在之前是没有接触过的。但是，只要愿意学习，只要多动手练习，多向身边的同行请教，教师就不难掌握制作技术。事实上，掌握技术的难度远远低于观念的更新难度。山东省昌乐一中在实践翻转课堂之初，也的确在微课制作方面遇到了挑战。一开始，一位教师录制完一节相对较好的微课需要好几个小时。经过培训和一段时间的练习后，教师录制微课的时间大大缩短，而且制作的微课质量也大大提高。在这一过程中，教师的信息技术素养也得到了很大提高。可以说，微课的制作对于教师来说，既是一项挑战，也是一个机遇。

八十九、如何发挥教师团队的力量设计和制作微课？在这一过程中又该如何发挥新、老教师各自的优势?

依靠教师团队的力量设计和制作微课，可以在短时间内形成完整的微课资源库，比个人设计和制作好得多。

以学校开发微课资源为例，学校可以组织骨干教师，在开学前对下学期要用的新授课微课进行集中设计制作。首先是集体研究，规划好课时，选取合适的微课选题，确定整体制作计划。然后是编写微课脚本，这里强烈推荐新、老教师搭配分组编写，以便于优势互补，并可以设置骨干教师把关的环节。确定好了脚本，就可以搜集材料，制作 PPT（如果用录屏方式的话）了。建议完成微课“1.0 版本”的制作并保留过程性素材。学期开始后，可以借助每周的集体教研活动，对假期制作的微课“1.0 版本”进行研究和修改，制作微课“2.0 版本”。方法可以是依次展示下周要用的微课“1.0 版本”，备课组教师讨论提出修改意见，负责相关微课制作的教师做好记录，并在集体备课之后制作微课“2.0 版本”。在学生使用过后，汇集使用过程中发现的问题，相关教师再次对微课进行修改，完成微课“3.0 版本”制作并保留过程性素材（为下一学年制作微课积累素材）。如果所有年级同时开始，一个学年就可以形成基本的微课资源库。再经过一轮次的使用、修改，微课资源就有了质量保证，校本微课资源库就会相对完备了。

新教师和老教师各有所长。新教师的优势在于对信息技术的敏感程度远远超过老教师。新教师喜欢接触新的更加方便、高效的教学媒介和方法，对技术比较热衷，他们是微课制作的主力军，但他们在对教材的把握、教学方式的选择等方面往往有欠缺；而老教师的优势在于具有丰富的课堂教学经验，一般对教材和重、难点知识的把握比较到位，教学应变能力强。基于以上情况，在微课的设计和制作过程中，新、老教师搭配合力完成任务，可称得上是珠联璧合。设计微课时，微课的选题由老教师把关，他们根据自己对学生学情的把握和对课程标准、教材的理解，提出微课的设计思路和讲解注意事项。老教师在前面引好路，新教师对微课进行详细设计，包括呈现方式、辅助手段等方面的设计；写好的微课脚本再由老教师把关，最后选择合适的技术手段制作微课。微课的制作则以新教师为主力。鼓励老教师尝试接触信息技术，新教师可帮助老教师搭建微课录制平台，准备素材，协助老教师使用信息技术手段完成微课的制作。

这样，在微课的设计和制作过程中，新教师不断积累教学经验，加深了对教学内容的理解和把握；老教师则在新教师的帮助下，熟悉了新的教学辅助手段，为自己的课堂教学添加了新的活力。最终，有助于实现教学的个性化。

九十、如何保证微课的有效使用？

（一）对于寄宿制学校来说

1. 可以考虑给微课“打点”

如果一节微课的内容相对较多，可以利用“打点”技术（指给微课设置时间标签，标明某个内容开始的时间点，这个功能需要网络教学平台的支持），把微课分为几个部分。学生可以根据自己的需要选择观看，觉得没有必要看的部分可以不看，以节省时间。

2. 要求学生在课前将平板电脑置于待机状态

学生在观看微课之前常常要进行一系列的操作：开机、登录、搜寻班组群、寻找微课等，在这些小细节上耽误的时间比较多。教师可以要求学生在课前就完成上述操作，使平板电脑置于待机状态，这样，在课堂上需要使用平板电脑时，只需点击一下就可以使用了。

3. 合理选择微课的观看方式

观看微课的方式有在线观看和下载观看两种。到底使用哪一种观看方式，取决于网络带宽和观看人数的集中程度。有些时间段观看微课的人数特别多，则难免会出现“卡”的现象。这种情况下，教师应该凭经验提示学生利用课下的时间下载微课到平板电脑上以便观看。如果带宽足够，就可以在课堂上直接在线观看。

4. 注重后台数据管理与分析，及时做好针对性调整

网络教学平台的后台数据可以反映出学生观看微课的状态，如：同一节微课一个学生观看了几遍，在哪个地方暂停了，暂停了多长时间等。教师可以通过分析这些数据，对学生进行个别化辅导，或者对微课进行分析，看看是否设计得科学合理，有没有需要改进的地方。

（二）对于走读学校来说

首先，一定要重视通过提前培训指导学生如何观看微课（见下一个问题）；其次，要重视对学生观看微课产生的数据进行分析（录制微课时要高度重视互动性，设计针对微课的在线测试）；另外，走读学校要设置相应的课堂环节，及时反馈、评价观看微课自学的效果。

九十一、教师需要对学生观看微课进行哪些指导？

微课是学生在课前自学阶段解决疑难问题的重要工具。实践中教师会经常感到，自己已经在微课中把需要讲授的内容讲了，但从学生观看微课学习的反馈和课堂效果来看，却无法达到预期的效果。这时，教师就需要对学生观看微课进行指导，提高观看微课学习的效果。

（一）做好观看之前的充分准备

1. 心理准备

有的学生一拿到平板电脑等学习终端就兴奋，但一观看微课学习就感觉疲惫；有的学生观看微课时，觉得“有意思”就听，觉得“没意思”就不听或不认真听，认为反正课后有的是时间可以听，呈现出一种无所谓的心理状态，这种心理状态使得观看微课学习的效果大大降低；有的学生看到微课则分外高兴，总盼着能通过微课解决自己的疑问，这种心理状态使得观看微课学习的效果大大提高。这几种心理状态，涉及学生的学习动机、目的、意志和情绪，也涉及教师制作的微课质量等问题，需要教师分析属于哪方面的问题，同时帮助学生做好调节，使其心理准备达到一种理想的境界。

2. 软、硬件准备

教师方面：要制作好微课并提前上传到网络教学平台。同时，要对微课讲解的内容做一个简要说明，便于学生选择观看。如果一节微课讲解的内容相对较多，最好使用打点功能。

学生方面：问题九十已有阐述，这里不再赘述。

3. 知识准备

在观看微课之前，一定要要求学生认真阅读教材，并把自己在自学过程中遇到的问题及时记录下来。然后，带着疑问去观看微课。

（二）做好观看时的必要指导

1. 指导学生做微课的主人

笔者发现，在翻转课堂实践初期，大部分学生一边看微课一边记笔记，看完后只在教材或学案上留下了文字记录，没有对老师所讲的内容进行加工处理，成了微课内容的搬运工，观看微课没有产生该有的效果。所以，教师要指导学生积极参与微课内的学习活动，不当旁观者，不当搬运工。具体来说，就是要求学生积极思考老师在微课中提出的每一个问题，认真观察老师的每一个演示实验，有选择地记笔记等。

2. 告诉学生不要寄全部希望于微课

笔者发现，很多学生在自学环节不认真自学，遇到问题不深入思考，总是想在“微课助学”环节通过观看微课中教师的讲解代替自学。这样势必造成学生思维懒惰的后果，从而导致其自主学习能力长期不能提高。因此，教师要指导学生养成独立思考的习惯，把微课真正当成解答自己的疑难问题的“钥匙”。

3. 指导学生如何在观看微课时做笔记

在观看微课时，逐字逐句记录、只听不记这样两个极端都会影响到观看的质量。这时，教师可以指导学生第一遍先认真看，把自己没有听懂的地方记录下来，在第二次观看的时候再认真分析，并做必要的笔记。在做笔记的时候并非记录老师的原话，而是在讲到某个对自己有启发的地方时，用符号或关键词句做简要记录，便于自己理解即可。

4. 指导学生学会有选择地观看微课

笔者在教学过程中发现，有的学生正好之前对微课所讲的全部内容存在疑问，那么，这部分学生需要认真观看整节微课；有的学生只对其中某一个点有疑问，那么，这部分学生可以选择跳跃式观看；有的学生则自学能力较强，能通过自学掌握本节课的知识，那么，这部分学生该如何观看微课呢？这时，教师可以指导学生通过观看微课，学习老师分析问题、解决问题的思路和方法，把自己的思路和方法跟老师的做比较，找出差别，从而培养自己的思维能力。这是一些优秀学生经常使用的学习方法。

（三）做好观看后的评价与反馈

这一阶段，教师要结合学生在“微课助学”中遇到的问题及时进行总结评价。通过分析网络教学平台反馈的数据对学生进行针对性指导，并分析学生反复观看某一点是教师讲解方式不恰当还是对学生的学情把握得不够准确造成的，以便做出必要的调整。此外，对于认真观看微课的学生要进行表扬，并鼓励学生在“微课助学”环节提出问题，表达自己的观点。

九十二、教师如何把握学生在自学阶段观看微课的效果？

在翻转课堂实践过程中，有的一线教师提出这样的疑问：学生的自觉性和自主性有差别，教师通过查看学生做的书面作业，能够较好地把握学情，而学生观看微课学习的效果如何把握呢？事实上，看微课学习新知识只是翻转课堂的前置环节，学生观看微课学习的效果可以通过在线检测及时进行反馈。在知识内化的过程中，学生参与课堂活动表现出来的对知识的理解深度，能反映出学生观看微课学习的效果。还有更为直接的方法，就是检查与微课配套的其他资源（例如针对微课的测试、学案或学习任务单等）的学习和完成情况。当然，最为简便的方法是利用网络教学平台的数据记录功能，分析学生留下的学习“足迹”，了解其学习效果。

FLIPPED CLASS MODEL

第五章

数据篇

九十三、“大数据”的定义是什么？

百度百科是这样定义“大数据”的：“大数据”（big data），指无法在可承受的时间范围内用常规软件工具进行捕捉、管理和处理的数据集合，是需要新处理模式才能具有更强的决策力、洞察发现力和流程优化能力的海量、高增长率和多样化的信息资产。

高德纳（Gartner）咨询公司这样描述“大数据”概念：“大数据”是需要新处理模式才能具有更强的决策力、洞察发现力和流程优化能力的海量、高增长率和多样化的信息资产。从数据的类别上看，“大数据”指的是无法使用传统流程或工具处理或分析的信息。它定义了那些超出正常处理范围和大小、迫使用户采用非传统方法处理的数据集。

亚马逊网络服务（AWS）“大数据”科学家 John Rauser（约翰·劳塞）则提到一个简单的定义：“大数据”就是任何超过了一台计算机处理能力的庞大数据量。

“大数据”同过去所说的“海量数据”有所区别，其基本特征可以用 4 个 V 来描述，即海量的数据规模（Volume）、多样的数据类型（Variety）、快速的数据流转和动态的数据体系（Velocity）、巨大的数据价值（Value）。

（1）海量的数据规模：一般认为数据量达到 PB、EB，甚至是 ZB。

（2）多样的数据类型：包括文本、音频、视频、点击流、传感器数据等结构化、半结构化和非结构化数据。

（3）快速的数据流转和动态的数据体系：指数据创建、处理和分析的速度遵从 1 秒定律，即一般要在秒级时间范围内给出分析结果。

（4）巨大的数据价值：指“大数据”中蕴含着巨大的数据价值，但具有数据价值高而价值密度低的特点。

目前人们所说的“大数据”不仅指规模庞大的数据本身，还包括采集数据的工具、平台和数据分析系统。“大数据”的研发目的是发展“大数据”技术并将其应用到相关领域，通过解决巨量数据处理问题促进其突破性发展。因此，“大数据”时代带来的挑战不仅体现在如何处理巨量数据从中获取有价值的信息上，也体现在如何加强“大数据”技术研发，抢占时代发展的前沿上。

九十四、“大数据”是怎样产生的？

随着“互联网 +”时代的来临，“大数据”吸引了越来越多的关注，被越来越多地提及。人们用它来描述和定义信息爆炸时代产生的海量数据，并命名与之相关的技术发展与创新。这些数据的规模是如此庞大，以至于不能用 G 或 T 来衡量，“大数据”的起始计量单位至少是 PB(1000 个 T)，还有 EB(100 万个 T)、ZB(10 亿个 T) 等计量单位。“大数据”分析常和云计算联系到一起，因为实时的大型数据集分析需要像 MapReduce 一样的框架来向数十、数百或甚至数千的电脑分配工作。

2014 年初 IBM 的研究报告称，整个人类文明所获得的全部数据中，有 90% 是过去两年内产生的。而到了 2020 年，全世界所产生的数据规模将达到今天的 44 倍。

“大数据”决定着各行各业未来的发展。最早提出“大数据”时代到来的全球知名咨询公司麦肯锡称，数据，已经渗透到当今每一个行业和业务职能领域，成为重要的生产因素。人们对于海量数据的挖掘和运用，预示着新一波生产率增长和消费者盈余浪潮的到来。人们已经意识到“大数据”的重要性。哈佛大学社会学教授加里·金说：“这是一场革命，庞大的数据资源使得各个领域开始了量化进程，无论学术界、商界还是政府，所有领域都将开始这种进程。”

九十五、“大数据”给社会生活带来了哪些影响？

（一）对人们的思维方式的影响

所谓思维方式，是一种习惯性的思考问题和处理问题的模式，它对我们的行为方式产生直接的影响。如今，“大数据”正影响着我们的思维方式。淘宝网、微博、微信、滴滴打车、支付宝等已经深刻影响到人们的工作与生活，由此产生的“大数据”又为人们提供了信息消费、商品消费、服务型消费等更多的消费方式，这些都改变了我们的传统认知观念与往常的思维方式。

（二）对经济的影响

虽然我们在思想政治课上学到的是，生产决定消费，消费对生产有重要的反作用。然而在如今这个极为宣扬个性与创造力的社会中，消费在很大程度上决定着生产。消费者不认同的产品，就卖不出去；只有消费者认同的，才卖得出去。“大数据”分析系统可以在较短的时间内，通过对数据的全面感知、筛选、收集、分析、共享等，为生产者提供及时、可靠的信息，让生产者生产出更具个性化、更为畅销的产品。特别是随着一些互联网公司的迅速崛起，数据致富成了新的致富“神话”。这些致富“神话”也使人们意识到了数据在我们这个时代成了最重要的资源之一。

（三）对教育的影响

传统的学校教育模式映射了工业化集中物流和批量生产模式：铃声、标准化的课堂、统一的教材、统一的服装等。虽然这种教育也培养出了很多人才，然而“大数据”将使教育呈现出另外的特征，例如弹性学习、个性化辅导等。学习分析是近年来“大数据”在教育领域较为典型的应用：利用松散耦合的数据收集工具和分析技术，研究并分析学生学习参与、学习表现和学习过程的相关数据，进而对课程、教学进行实时修正，并预测学生未来的学习趋势。因此，“大数据”教育将更好地诠释“因材施教”这一词语，实现个性化学习与教学，培养出更多优秀的人才。

九十六、翻转课堂如何借助“大数据”提高学生的学习效率？

将“大数据”的相关理念和方法运用于翻转课堂，实现学生的过程性学习信息记录和整合，可以帮助教师对学生进行更科学的评价。学生在课堂中处于自然状态下的细微而又真实的行为表现具有隐性的特点，往往难以为教师所观察到。这时候，信息化工具的介入往往能够最大限度地保留能反映这些细微而又真实状况的过程性数据，如：学生点选的章节、选择的知识点、播放微课的次数、所做习题的耗时、所做习题的正误和修改情况、自我评价、求助行为、提出的疑难问题等。这些数据被整合后，既能及时反馈给学生，帮助其解决学习中的问题，纠正错误,又能帮助教师全面了解每一个学生的学习状况,真正实施“一对一”指导。大家熟悉的可汗学院，其运营的核心就是数据。

（一）分析学生对知识点的掌握程度（包括群体情况与个体情况）

学生是否掌握了所学知识？这些知识对于学生来说难度如何？相信对于这些问题教师并不陌生。但是要精准地把握，光靠学生完成纸质作业或上课回答问题的情况显然不够。而依托于过程性数据，这些问题则可迎刃而解。通过信息化工具，教师可以对学生完成学习任务及其分项小任务的成功率进行统计，从而得出各个活动任务的难易度，以及学生对不同知识点的掌握程度。例如，在山东省昌乐一中的翻转课堂中，教师可以通过“在线测学”得到的数据了解学生对所学知识点的掌握情况。在“自学质疑”课上，学生完成自学内容后，可以打开网络教学平台——“创课学堂”，完成老师上传的相应题目（如图48，这是针对青岛版数学七年级上册《数轴》一课上传的“在线测学”题目以及平台提供的学生作答数据）。

2.（单选）点A为数轴上表示-2的动点，当A点沿数轴移动4个单位长度到达B点时，点B表示的数是（　　）

A.2　　B.-6　　C.2或-6　　D.不同于以上答案

A.14次　　B.9次　　C.560次　　D.16次

答错人数：72人　答错次数：85次

图48 “创客学堂”后台数据

这个题目考查了数轴的相关知识，要求学生能根据题目条件迅速找出数轴上的数。分析下方的数据可以看出，学生对这一知识掌握得较好，585 人次答题，答错的次数为 85 次，答错的人数为 72 人，另外发现有 14 人重复提交。

学生可以针对自己对这个知识点的掌握情况，到“创课学堂”的题库中选择对应该知识点的题目进行训练，直到弄明白为止。若还有疑问，可以将问题提交给老师或发布在讨论区，以求得老师或其他同学的帮助。

（二）从学生的作业完成和学科学习时间对学生进行评价

通过对学生在完成作业和在学科学习上的耗时与进度情况进行分析，教师可以初步看出不同学生在不同学科上的学习兴趣和学习负担，从而进行教学调整或针对性辅导。山东省昌乐一中的教师可以通过“创课学堂”记录的学生观看微课的次数、时间来了解学生对知识点的学习和掌握情况，同时也可以了解学生对微课的兴趣。从图 49 中我们可以看到，教师能通过网络教学平台教师客户端了解到学生什么时间开始使用平板电脑观看微课，还可以了解到学生看了几遍微课以及观看微课和做“在线测学”中的题目所用的时间。

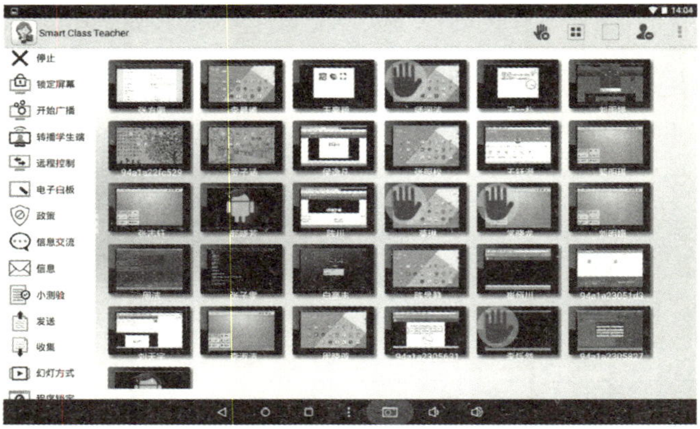

图 49　网络教学平台教师客户端界面

例如：教师通过客户端看到小亮同学在 8:40 时观看微课，而这时候其余同学已经在做“在线测学”的题目了，由此可判断小亮同学可能在自学的时候遇到了疑难问题，这种情况下教师就可以在训练展示阶段单独与小亮进行交流并给予指导。

（三）通过学生的课堂互动情况相关数据了解学生的学习情况

翻转课堂增加了师生之间的互动交流时间。教师通过网络教学平台，可以及时了解学生在课堂上遇到的疑难问题以及学生与学生之间互动交流的问题，也可以统计学生在课堂上“举手”的次数，还可以把某个学生的学习终端屏幕分享给班级的其他学生进行交流学习。

“大数据”时代，更多的过程性学习信息和教学信息可以被记录下来。把对学生学习的过程性数据分析运用于教育评价，使我们有了新的视角审视教与学的价值。

九十七、什么是智慧教育？

不同的研究与实践群体对智慧教育有不同的理解。

最早倡导智慧教育概念的是 IBM 公司。IBM 公司认为未来智慧教育的内涵是：

（1）以学生为中心：教学活动以学生为中心而设计，关注学生的个性化学习与发展。

（2）实时统计与分析：对教育、教学资源科学分配，集中管理，实时监测；对教学效果和学生学习进展与技能水平实施评估和考量；针对不同角色的实时统计分析，支持管理方（教育局等）、服务方（学校、第三方教育机构）、公众等多视角的多层次统计分析。

（3）集成管理：对教学过程和管理过程的集成化操作和处理，对教育辅助设施的智能化管理，对优秀教育教学管理体制、流程和规范的快速复制和推广，对个人和群体教育信息的完整性记录和管理。

（4）多样化的互动式体验：多样化的教学工具和方式，无地域和时间限制的公众在线学习，互动式、体验式的教学模式。

（5）共享资源：高度集成的资源共享，随处随时可得的优质资源。

韩国学者认为，智慧教育（SMART Education）是智能化的、可定制的个性化教与学。SMART 的内涵包括：Self-directed（自我导向）、Motivated with fun（通过兴趣激发学习动机）、Adaptive based on level（建立在分层基础上的适应式教学）、Resource Free（丰富的免费教学资源）、Technology embedded（技术融入）。

台湾学者张奕华则把 SMART Education 中的 SMART 阐释为：Student-centered approach（以学生为中心的教学）、Motivate students to learn（通过多元取向引起学生的学习动机）、Accessing online education（在线学习通道）、Resource availability and diversity（资源的可用性和多样性）、Technology support and service（技术支持与服务）。

华东师范大学祝智庭教授认为：智慧教育的真谛就是通过构建技术融合的学习环境，让教师能够施展高成效的教学方法，让学习者能够获得适宜的个性化学习服务和美好的发展体验，使其由不能变为可能，由小能变为大能，从而培养具有良好的价值取向、较强的行动能力、较好的思维品质、较深的创造潜能的人才。

北京师范大学黄荣怀教授认为：智慧教育可理解为一种智慧教育系统，其定义为“智慧教育（系统）是一种由学校、区域或国家提供的高学习体验、高内容适配性和高教学效率的教育行为（系统），它能利用现代科学技术为学生、教师和家长等提供一系列差异化的支持和按需服务，能全面采集并利用参与者群体的状态数据和教育教学过程数据来促进公平、持续改进绩效并孕育教育的卓越”。

从现代教育系统的构成要素来看，智慧教育系统包括现代教育制度、现代教师制度、数字一代学生、智慧学习环境和教学模式五大要素。其中，教学模式是智慧教育系统的核心要素。

如果将教学模式、现代教师制度和数字一代学生合并为新型教学模式，则智慧教育系统可转化为由智慧学习环境、新型教学模式和现代教育制度三个层面构成，而且智慧教育系统通过寻求教育体制与教育目标的适配，从效果、效率和效益三个方面不断提升知识生产能力，以最终实现培养卓越的国家人才的教育目标，这就是智慧教育的三个境界（如图 50）。

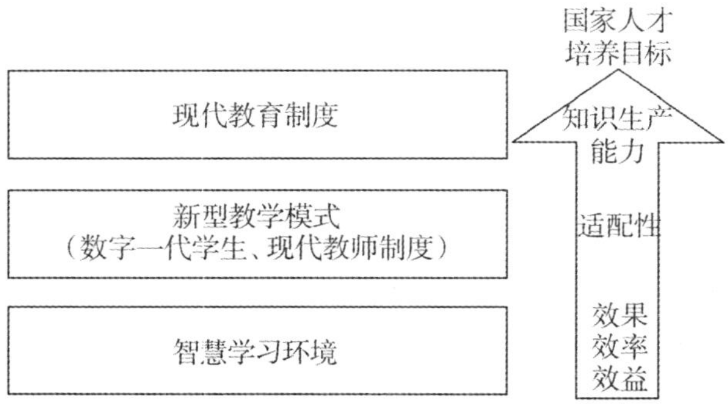

图 50　智慧教育系统的三个境界

由此可见，智慧教育发展的愿景是在新一代信息技术支持下，尊重每一位学习者的个性化与多元化发展需要，创建智能化的教育环境，推动信息时代的教与学变革，以最有效的方式促进学习者的知识建构与智慧发展。

九十八、实现智慧教育的基础有哪些？

华南师范大学柯清超教授认为，实现智慧教育的前提是应用新思维、新技术，重构传统的教育信息系统，推动教育数据的汇聚、存储与处理，形成教育大平台与“大数据”。教育部《教育信息化十年发展规划（2011–2020 年）》提出的“两平台”（国家教育资源公共服务平台、国家教育管理公共服务平台）建设、基于云计算理念的智慧校园建设、大规模开放在线课程教学实践，都是在教育信息化建设的不同层次上为建设教育领域的“大数据”迈出的有历史意义的一步。

国家教育信息化“两平台”与“大数据”汇聚。国家教育资源公共服务平台、国家教育管理公共服务平台是目前国家在建的两个教育大平台，其目标是汇聚教育管理、教学支持领域的海量信息，形成有效支持教育教学过程、教育管理的教育“大数据”。其中，国家教育资源公共服务平台采用资源征集、资源汇聚、资源共建、资源捐赠几种方式实现教育教学资源数据的汇聚；国家教育管理公共服务平台采用学生和教师“一人一号”、学校“一校一码”的思路，全面准确地汇聚全国学生、教师和学校办学条件的动态数据。这些“大数据”成为我们观察、监测教育系统的“显微镜与仪表盘”，成为智能化教育分析与决策的基石。

云计算理念下的“智慧校园”建设。传统的数字校园建设导致大量的信息孤岛与数字鸿沟，云计算为新时期的教育信息化建设带来了新思路。“集中力量办大事”“集中建设、分散使用”的建设方式，将更有利于教育信息资源的收集、存储、共享与应用，有利于形成区域性的教育“大数据”。基于教育云的信息化系统建设，对传统的校园网络系统进行重新整合与优化，将促进学校教育系统的深刻变革。应用云计算技术开发的教育信息服务平台，有助于将越来越庞大、复杂的教育管理、教务教学、课改教研、教育资源、安全管理等应用，抽象为简单、个性化、智慧型、支持多终端且具有良好用户体验的应用，让每一位用户都可以通过个人电脑、移动终端、数字电视等设备访问所关注的教育服务，最终实现任何人在任何时间、任何地点，以任何方式开展的数字化学习。

基于开放资源与网络自组织的社会化课程学习。近年来大量涌现的网络自组织学习模式、MOOC（Massive Open Online Course）社会化学习模式，以更大范围的开放、深度协作为基础，聚合了大量的非结构化教育数据，如开放教育课程资源、网络学习过程数据等等，突破了以学校传统课程体系为核心、以 LMS（Learning Management System）为基础的网络课程模式。社会化深度协作的开放式教育平台，实现了人类有史以来最大范围的教育资源分享与教育合作，是“大数据”时代的课程教学大平台。

九十九、智慧教育会给教育发展带来哪些影响？

智慧教育本身具有丰富的内涵，对现有教育将产生巨大的影响。总体而言，智慧教育将带来以下三大变化：

（一）学习将突破时空的限制

在智慧教育的框架下，教育将摆脱教室教学这一传统的媒介，在时间、空间、学习资源、学习方法等方面获得解放，迎来更为广阔的发展平台。就时间而言，将彻底改变传统的定时上、下课的局面，实现随时学习，即时学习。就空间而言，将告别以建筑物为表征的学校这一固定场所，延伸至校外。即凡存在教学活动的任何场所皆可视作“学校”。就学习资源而言，将打破以纸质教材为中心的格局，实现形式多样、来源丰富的新局面。就教学方法而言，将由以往教师主导下的单方面灌输，转为以学习者为中心的合作式、体验式教学。

（二）导致教育目标的变革

智慧教育将导致教育目标由以往注重读、写、算的“3R”（Reading，Writing，Arithmetic）教育，转为培养21世纪学习者所必备的批判性思维和解决问题、创造性和创新、协作和领导能力、跨文化理解、沟通、信息和通信技术素养、职业与生活技能等“7C”品质。

（三）教学与教学中的师生关系将发生颠覆性的变革

在教学方面，学生将摆脱以往枯燥乏味的纸质教材，利用数字化教材开展学习活动。教师采用集音乐、图片、影像于一身的多媒体资料，为学生提供与其能力、水平相匹配的订单型教育服务。同时通过开展在线学习，学生将从教室中走出来，在更多元的空间里接受教育。在师生关系方面，教师将由以往知识的传递者转变为教学的组织者与设计者；学生则由以往知识的被动接受者，转变为建构和生产知识的生产者。知识已不再是给予，而是一同探寻；知识也不再是个别人的特权，而是通过共享，惠及全民。教师要为学生提供与其能力、水平相适应的课程，充当其学习的设计师，为其提供个性化的咨询服务。

一百、智慧教育的学习环境建设有哪些内容？

智慧教育学习环境是从智慧地球、智慧城市、智能楼宇的概念中迁移过来的。所谓智慧教育学习环境，是指一种能感知学习情境，识别学习者特征，提供合适的学习资源与便利的互动工具，自动记录学习过程和评测学习成果，以促进学习者有效学习的学习场所或活动空间。智慧教育学习环境能够实现物理环境与虚拟环境的融合，能更好地提供适应学习者个性特征的学习支持和服务。智慧教育学习环境的技术特征主要体现在记录过程、识别情境、连接社群、感知环境等四个方面，其目的是促进学习者轻松、投入和有效地学习。常见的智慧教育学习环境建设主要包括以下几个方面：

（一）教育云平台

云计算是一种新型的计算模式，它把信息资源（服务器、存储器、宽带）、数据、应用作为服务通过网络提供给用户，把大量的计算资源组成资源池，为用户动态创建高度虚拟化的资源。一些学校正在信息化建设过程中，筹划建设独立的信息中心，建设教育信息资源和开发各类应用等。中小学信息化基础设施、数据资源以及应用软件具有高度的相似性，虽有个别差异，但利用共享平台可以方便地进行应用的个性化定制，以满足各校需要。可见，建立教育云平台具有积极的经济效益和社会需求。

（二）智能课堂平台

智能课堂平台包括两方面的内容：传统教学课堂的智能化和网上虚拟课堂（或称网上学习社区）。对传统教学课堂和以电子白板为工具的教学课堂进行全面改造，实现现有课堂与信息技术的紧密融合，充分利用网络信息资源，对教学内容、展示方式、互动方式进行全面改革，实现以学生为主体的个性化教学新模式。

（三）电子书包

电子书包以电子课本为核心，集成自助式学习管理、自助式考试管理、师生互动管理、学生定位管理、紧急求助管理、学生家长互动管理等多项功能，是改变目前学生带教材上学、盲目购买参考书、抄写课堂作业、完成家庭作业等方面的重要设备。

（四）教师智能工作平台

整合白板系统、学校管理系统、电子书包、虚拟课堂等，为教师提供一个集成教学、管理、自我提高功能的平台。该平台要能同学校的数字校园系统、教学资源库等进行无缝连接，能制作课件，调用全学校乃至学校所在地区的课件、案例等相关资料，调用学校对教学情况的评价，调用教师任课班级学生的学习情况，为教师有针对性地备课提供支撑。教师也可以利用此平台进行试卷评阅，与学生、学校管理层、家长互动。

（五）网上学习社区（个人终生学习平台）

建立网上学习社区，让学生之间、学生与教师之间、个人与社会之间按需组成学习社区。网上学习社区管理者提供广泛的学习资料、供社区共享（分有偿和无偿两类）。社区管理者与教育管理部门对网上学习社区实施共同监督和管理。网上学习社区加入建立个人终生学习档案、进行个人终生学习管理、推送学习服务等功能。

（六）校园智能综合管理平台

在数字化校园安全管理的基础之上，增加学生学习成长轨迹跟踪管理、学生一卡通管理、教师工作业绩数据挖掘、学生学习效果综合评价、学生行为综合评价等功能，支持学生和家长调取查看，并实现与智慧城市相关系统的互联互通，比如同人口信息管理系统、个人电子病历系统、社会保障系统、就业管理系统等进行数据共享。

参考文献

1. 张子锋，范春香．基于QQ的翻转课堂学习环境设计．江苏教育研究：理论（A版），2014，(9).

2. 黄强．基于微信平台的翻转课堂的实施．教育信息技术，2014，(5).

3. 徐颖丽，杨琳．基于Moodle平台的翻转课堂教学模式研究．课程教育研究，2015，(25).

4. 李睿仙，孙秀春．基于E-Learning平台的翻转课堂建设研究．科学与财富，2015，(6).

5. 顾立民．课程系统设计的重要模型及学习目标的撰写．培训，2010，(4).

6. 朴钟鹤．教育的革命：韩国智能教育战略探析．教育科学，2012，(8).

7. 黄荣怀．智慧教育的三重境界：从环境、模式到体制．现代远程教育研究，2014，(6).

8. 曹殿波．对微课的六大误解．

9. 王奕标的教育时空博客